Ullstein

Ursula E. Antony

Von Mann zu Mann

Mein Hurenleben

Ullstein

ein Ullstein Buch
Nr. 23591
im Verlag Ullstein GmbH,
Frankfurt/M – Berlin

Originalausgabe

Umschlagentwurf:
Theodor Bayer-Eynck
Illustration: Marion Brandes
Alle Rechte vorbehalten
© 1995 Verlag Ullstein GmbH,
Frankfurt/M – Berlin
Printed in Germany 1995
Gesamtherstellung:
Elsnerdruck, Berlin
ISBN 3 548 23591 3

Mai 1995
Gedruckt auf alterungs-
beständigem Papier mit
chlorfrei gebleichtem Zellstoff

Die Deutsche Bibliothek – CIP-Einheitsaufnahme

Antony, Ursula E.:
Von Mann zu Mann : mein Hurenleben / Ursula E. Antony. –
Orig.-Ausg. – Frankfurt/M ; Berlin : Ullstein, 1995
　(Ullstein-Buch ; Nr. 23591)
　ISBN 3-548-23591-3
NE: GT

Als ich Nutte wurde, zweifelte meine Mutter an meinem Verstand. Meine ungleiche Zwillingsschwester konnte auch nicht verstehen, wie jemand mit meiner Schulbildung »so was« werden konnte. Den Tatbestand aber fand sie erregend und wollte von mir alles über Prostitution erfahren.

Am Anfang fand ich Huresein auch aufregend, aber als ich nach sieben Jahren mit leeren Händen dastand, zweifelte auch ich an meinem Verstand. Vierzehn Jahre lang war ich einem passenden Partner nachgejagt und hatte damit alle beruflichen Chancen verpaßt. Als Nutte hatte ich sieben Jahre lang versucht, zwei Fliegen mit einer Klappe zu schlagen: Männer zu treffen und nebenher reich zu werden, um das Versäumte nachzuholen. Als dieser Versuch dann aber auch in die Hose ging, versuchte ich's mit dem Kopf. Jetzt wollte ich meinen Geist profitabel an den Mann und die Frau bringen.

Womit ich aber nicht gerechnet hatte, war, daß ich beim Aufschreiben meiner Geschichte die Dämonen exorzieren und am Schluß nur noch ich selbst sein wollen würde. Leider wußte ich zu diesem Zeitpunkt nicht mehr, wer ich war.

Was war mit dem kleinen starken Mädchen passiert, das sich alles zugetraut hatte. Warum saß ich auf einmal einsam und verlassen auf einem fremden Kontinent, wo kein Hahn nach mir krähte? In einem winzigkleinen Apartment.

War mein Leben immer nur ein Ausblick aufs Klo gewesen? Wo meine Bilder hängen, ist mein Zuhause. Ein paar Bücher, meine Klamotten, Plastikgeschirr und etwas ausgesuchter Kitsch ist alles, was ich besitze. Und das gerahmte Foto von meiner Mutter Hera und meiner Schwester Aphrodite, die eigentlich Erika und Barbara heißen. Und ich bin Athene, die Göttin der Weisheit. Für meine Freunde, die ich nicht mehr habe, bin ich auch die Ursula, wahlweise Uschi.

Wie Athene wurde auch ich als Karrierefrau geboren, die mit den Männern konkurriert, die sich aber weigert, zu beherrschen. Ich bin dem Kopf des Zeus entsprungen, lebe daher nach väterlichen Tugenden wie Zielstrebigkeit und Härte. Das bringt Probleme bei der Partnersuche. Denn als Lebensgefährten akzeptiert Athene nur den, der ihre Gleichberechtigung anerkennt. Da ist es auch kein Wunder, daß ich mit Hera von Anfang an Schwierigkeiten hatte.

Sie war die Königin des Himmels, also unseres Haushalts, und der Typ Frau, der sich für die Partnerschaft mit einem Mann sowie für alle Fragen der Macht interessiert und sich nicht unterwirft. Man könnte sie einen Tramp nennen, wäre ihre Zuneigung nicht immer erwidert worden. Deshalb verlobte sie sich auch nicht mit dem ersten Mann, mit dem sie Sex hatte, sondern nahm den, der ihr ein angenehmes Leben versprach.

Ihre erste große Liebe kam auch zeitgemäß gegen Ende des Zweiten Weltkrieges, als ihre Familie nicht so recht wußte, wo sie nun eine neue Heimat suchen sollte. Als Hera ihren damaligen Freund Hermes vom wunderschönen Bayern reden hörte, kam ihr das gerade recht.

Hermes, ein weitgereister Soldat, der sich im wirklichen Leben Peter nannte, wurde ihr Verlobter. Zu Füßen lag er ihr eh schon, denn man hatte ihm das Bein durchschossen. Meine Mutter hatte ihn im Ruderclub getroffen, wo sich alle gesellschaftlichen Aktivitäten abspielten, denn er diente als Rekonvaleszenzlager.

Mit Handgepäck flohen Hera und ihre Mutter zu Fuß nach Bayern, während Hermes sowie ihr Vater und der Bruder mit Armeezügen befördert wurden.

Glücklich in Bayern angekommen, kreuzte Zeus Heras Wege. Normalerweise hatte sich die Lady ja im Griff. Mit dieser einen Ausnahme: Diesmal mußte sie die Wirklichkeit einfach ignorieren, denn sie hatte einen besonders großen Wunsch. Um ihren Wunsch durchzusetzen und den Bund mit Zeus mehr zu festigen, verliebte sie sich nicht nur in ihn, sondern wurde gleich darauf auch noch schwanger. Sie muß wohl geahnt haben, daß der Typ pausenlos hinter irgendwelchen Grazien herrannte und sie schwängerte, war aber gleichzeitig so stark von ihren femininen Qualitäten überzeugt, daß sie sich sicher war, alle Nebenbuhlerinnen ausstechen zu können.

Sie besaß tatsächlich alle Attribute, die einem Mann einen Ständer verpaßten: zuerst einmal einen übergroßen Busen, der es ihr unmöglich machte, auf dem Bauch zu liegen. Zudem hatte sie eine reizende Himmelfahrtsnase und graue Katzenaugen, die nicht von schlechten Eltern waren, was durchaus den Tatsachen entsprach: Hera liebte ihren großen, gutgebauten Vater abgöttisch. Weshalb auch alle anderen Männer langfristig bei ihrer Qualitätskontrolle durchfielen. Keiner liebte sie so unvoreingenommen wie ihr Vater.

Heras Mutter war siebzehn, als unser Großvater sie zur Frau nahm. Bei einer elf Jahre jüngeren Frau konnte er sicher sein, daß sie nicht aus der Rolle fiel. Unsere Großmutter hatte zeit ihres Lebens Angst, daß er sterben könnte und sie sich als Putzfrau verkaufen müßte. Außer Hausarbeiten hatte sie ja nichts gelernt.

Daß sie sich so jung heiraten ließ, hatte durchaus etwas mit dem Ersten Weltkrieg zu tun. Die Deutschen mußten aus Rußland raus, nachdem sie den Russen den Kampf angesagt hatten. Sie waren überhaupt nur dort, weil der Zar die deutsche Arbeitskraft schätzte und hoffte, daß sie durch ihren nimmermüden Arbeitseinsatz das Land bereichern würden. Das gelang sogar meinen Urgroßeltern, denn sie besaßen eine Großmetzgerei. Diese Information habe ich wohl in den Genen, denn ich habe schon immer am liebsten Würstchen gegessen.

Es muß für meine Großmutter nicht einfach gewesen sein, ihrem Mann nach Schlesien zu folgen. Sie kannte ihren Zukünftigen kaum und mußte zudem ihre Familie zurücklassen. Andererseits ist Luftveränderung der häufigste Grund, weshalb Leute überhaupt heiraten.

Das war nach dem Ersten Weltkrieg, 1920. Etwa zwanzig Jahre später wiederholte sich die Geschichte, weil wir Deutschen Sturköpfe sind und unsere Lektion nur selten auf Anhieb kapieren. Wieder war es ein Weltkrieg, also der Zweite, in dem meine Großeltern wieder vor den Russen flüchteten, diesmal von Schlesien nach Westdeutschland.

Einige Jahre später starb mein Großvater an Krebs, der gesellschaftlich akzeptierten Form des Selbstmords. Nicht weiter verwunderlich, denn während des Krieges war er Offizier gewesen und danach lediglich ein höherer Angestellter. Unvereinbar mit seinem Selbstwertgefühl. Meine Großmutter machte damals ein Riesenspektakel und warf sich schreiend vor den Ofen. Dennoch überlebte sie ihn noch weitere neun Jahre. Aber eigentlich hatte sie sowieso immer die Hosen angehabt, sie wußte es nur nicht.

Großmutter hatte einen konkreten Grund, überleben zu wollen: Preußisches Pflichtgefühl zwang sie, ihrer partnerlosen Tochter Hera bei der Aufzucht ihrer Kinder zu helfen. Großmutter genoß dann den Powertrip der Kindererziehung so sehr, daß auch sie an Krebs verstarb, als Aphrodite und ich im Begriff waren, das Haus zu verlassen. Da Großmutter Hera bereits kurz nach ihrer Heirat auf die Welt gebracht hatte, wurden die beiden Frauen oft für Schwestern gehalten, was meiner Mutter gar nicht gefiel, denn sie liebte es nicht, im Schatten zu stehen. Außerdem bevorzugt sie ein hierarchisches Ordnungsgefüge, in dem Mütter ihre Rolle ausleben und nicht zu gleichberechtigten Schwestern werden. Doch zurück zu Zeus.

Er lief Hera zum erstenmal in die Arme, als sie für ihre Mutter auf dem Schwarzmarkt echten, guten Bohnenkaffee kaufen wollte. Da ohne Gegenleistung niemand gerne etwas hergibt, schlug Zeus einen Spaziergang am Tegernsee vor. Ihr Instinkt empfahl ihr, Zeus dem steifbeinigen Verlobten vorzuziehen, denn er war nicht nur gesund, sondern auch ein Befreier. Ein Phänomen, das es nur in Kriegszeiten gibt und sich der Liebe einer gesamten Bevölkerung sicher sein kann. Im wirklichen Leben war Zeus allerdings ein deutscher Jude, der noch rechtzeitig vor den Nazis in die Vereinigten Staaten emigrieren konnte. Als gemeiner Soldat kam er nach Deutschland zurück, um seine Brüder und Schwestern zu rächen. Meine Mutter vermutete, daß es sein Haß auf die Deutschen gewesen war, der ihn dazu veranlaßt hatte, sie zu schwängern.

Zeus alias Kurt, hat eine rauhe Schale, aber im Kern ein weiches Herz. Alle schimpfen über ihn, aber er hält den Laden zusammen. Nicht so sehr in unserem Fall allerdings, doch andererseits gäbe es uns ohne ihn nicht.

Zeus hatte bereits viel Erfahrung und wußte, womit

man Frauen rumkriegen konnte. Die magischen Worte »So was Schönes wie dich hab' ich noch nie gesehen« wirkten auch bei Hera. Allerdings war sie zu diesem Zeitpunkt bereits fünfundzwanzig und hatte die letzten acht Jahre, ihre sogenannten besten, in ständiger Angst vor Bomben und Verhungern verbracht.

»Meine Familie«, so sagte Zeus und knackte damit jeden Sesam bei Hera, »besitzt ein Filmtheater in Amerika.« Dort wolle er ein neues Leben mit ihr beginnen.

Hera war überglücklich, so eine schnelle Lösung für all ihre Probleme gefunden zu haben. Sie sehnte sich nach nichts mehr als nach einem ruhigen Hafen weit weg vom zerstörten Europa. Flugs rannte sie ins Hospital, um Hermes, ihrem Verlobten, die frohe Botschaft zu überbringen.

Als Hera ein paar Wochen später Zeus kommende Vaterfreuden ankündigen wollte, hatte er sich bereits abgesetzt. Heras Version allerdings weicht leicht davon ab: Sie bestand darauf, daß man sein gesamtes Bataillon über Nacht nach Amerika zurückbeordert hätte. Anfragen beim Roten Kreuz seien wegen der Kriegswirren erfolglos geblieben. Immerhin konnte sie so den Mythos von der großen Liebe nach Herzenslust hegen.

Hera wußte, daß sie sich mit einer einzigen schwachen Stunde in trübe Gewässer begeben hatte. Die Männer hatten sich zwar im Krieg zum größten Teil selber ausgerottet, deshalb erlaubten die Frauen ihnen aber noch lange nicht, ihre Kinder ohne männliche Hilfe und einen offiziellen Stempel auf die Welt zu bringen.

Hera grauste es vor den Konsequenzen eines einzigen lächerlichen Liebesaktes, der noch nicht einmal so toll gewesen war. Sie beschloß einen Arzt aufzusuchen, der sie von diesem wild wuchernden Leben befreien sollte. Was sie jedoch nicht wissen konnte, war, daß dieser Doktor an das »Wunder des Lebens« glaubte. Deshalb versagte er ihr die Erfüllung des Wunsches, ihr Baby abzutreiben. (Damals wußte Hera noch nicht, daß wir uns vorsorglich doppelt bei ihr eingenistet hatten.) Selbst ist der Mann, sagte sich Hera und ließ sich ein besonders heißes Bad ein, lüpfte den schweren Küchenschrank mehrmals in die Höhe und unternahm dann eine wilde Schlittenfahrt den Riederstein hinunter.

Aphrodite und ich merkten sehr wohl, was los war. Das muß wohl am jähen Anstieg des Testosteronspiegels in unser aller Blutkreislauf gelegen haben. Wir mochten gar nicht, wie sie mit uns Schlitten fuhr. Es geschah ausgerechnet in der dreizehnten Woche ihrer Schwangerschaft, als sich die Steuerungszentren für Partnerprogramm und Sexualverhalten entwickelten. Und man weiß ja, wo das hinführen kann.

Hera jedenfalls wußte genau, daß sie schnellstens etwas unternehmen mußte, um den gemeinsamen sozialen Abstieg zu verhindern. Ein Mann mußte her. Sie traf sich mit Marten, einem Jazzmusiker, unter der

Kirchturmuhr. Nachdem sie ihm ihr Leid über die mißglückte Abtreibung geklagt hatte, wurde Mario ihr Paris, der sanfte Trottel, den sich Athene, Hera und Aphrodite ausgesucht hatten, um zu entscheiden, wer von ihnen das Superweib sei. Und der mit seinem naiven Votum für das süße Dummchen Aphrodite das Gemetzel des Trojanischen Krieges entfesselt hatte. Paris heiratete Hera vom Fleck weg.

Ich nenne Hera instinktiv immer »meine« Mutter, aber natürlich ist sie auch die von Aphrodite. Diesen Anspruch hat sie sich durch den Ausscheidungskampf im mütterlichen Bauch wahrhaftig verdient. Aphrodite wurde zwar scheintot geboren, zwanzig Minuten später aber hatte sie es satt, vertrimmt zu werden, und machte vor lauter Schmerz den Mund auf. Sie blieb auch danach immer etwas maulfaul, was damit zu tun haben mag, daß ich ihr mit dem Mundwerk immer etwas voraus bin.

Ich wurde mit dem Killerinstinkt geboren und wollte immer die erste sein, weshalb ich auch fünfzehn Minuten schneller als meine Schwester auf dieser Welt ankam. Während ich sechs Pfund auf die Waage brachte, wog mein halbverhungerter Zwilling lediglich dreieinhalb Pfund. Kein Wunder, daß Aphrodite von da an ihren Anteil immer mit Macht verteidigte und immer noch nach mehr schrie.

Ansonsten war unsere Kindheit ereignislos, um nicht zu sagen langweilig. Wir lebten zwar in einem Bauernhaus, zu dem auch eine Gärtnerei gehörte, durften uns aber, abgesehen von den beiden Zimmern, die wir gemietet hatten, weder im Haus noch im Garten aufhalten. Der Bauer, dem dies alles gehörte, hielt nichts von Flüchtlingen, woran sich auch nichts änderte, als eine seiner Töchter Heras Bruder heiratete.

Wir waren »wilde Mädchen« – soweit es die beschränkten Verhältnisse zuließen. Aber erst als die Buben ins Spiel kamen, wurde es so richtig interessant. Mit sechs bat uns der Sohn des Apothekers, mit ihm Doktor zu spielen. Nachdem er uns gezeigt hatte, daß er im Stehen pieseln konnte, ließ meine Schwester die Hosen runter. Als ich dann vorpinkeln sollte, verließ mich der Mut. Ich rannte lieber zu meiner Mutter und erzählte ihr alles in lustvoller Ausführlichkeit.

Mit sieben konnte ich endgültig die Augen nicht mehr vor der Tatsache verschließen, daß die Jungs Aphro mir vorzogen. Es war der sechzehn Jahre alte Gärtnerssohn, der sich anbot, mit uns Verstecken zu spielen und dann mit meinem Zwilling in der Garage verschwand. Als sie nicht mehr rauskamen, schlug ich mit aller Kraft gegen die Tür, denn letztendlich war ich ja auch noch mit von der Partie. Wie mir Aphro später gestand, hatte der Gärtnerssohn sie dort gebeten, sich auf dem Autoreifen auszustrecken, damit er sie unsittlich abtasten konnte. Mein lautes Klopfen zwang ihn, die Tür wieder zu öffnen. Aber einmal auf den Geschmack gekommen, wollte er nicht mehr von ihr lassen und versuchte, Aphro in den Keller des Gewächshauses zu verschleppen, wo das junge Gemüse überwinterte. Dank meiner Hilfe gelang es ihr jedoch, sich freizukämpfen. Ich dachte gar nicht daran, sie jetzt schon an einen Mann abzutreten.

Wenn Hera mich, um mich zu bestrafen, ohne Abendbrot ins Bett schickte, schlich sich Paris heimlich in mein Zimmer, um mir ein Wiener Würstchen zukommen zu lassen. Ob es nur Wiener Würstchen waren, mit denen er mich verwöhnte, weiß ich heute noch nicht. Woran ich mich allerdings erinnere, ist, daß Paris mich bei seinen gelegentlichen Besuchen einmal gebeten hat, meinen Rock etwas höher zu ziehen. Damals war ich sechzehn Jahre alt. In meinem fünfunddreißigsten Lebensjahr bat er mich, ihn auf den Mund zu küssen. Zu irgendeinem Zeitpunkt müssen wir alle lernen, daß alle Väter, vor allem Stiefväter, auch nur Männer sind.

Mit der Einschulung begann der Ernst des Lebens. Aphro litt an einer Lese- und Rechtschreibschwäche, und ich hatte Konzentrationsstörungen. Heras Versuche, Aphro mit Hilfe eines eisernen Drills umzufunktionieren, scheiterten, obwohl sie ihr verbot, den Tisch zu verlassen, bis sie nicht einen Absatz pro Tag fehlerfrei geschrieben hatte. Aphros Geflenne war herzzerreißend. Spielen gehen durften wir aber erst, wenn sie es endlich geschafft hatte.

Sogar auf dem Spielplatz wollte unsere Mutter das Sagen haben. Sie empfahl uns dringend, uns mit zwei reichen amerikanischen Kindern aus der Nachbarschaft anzufreunden. Wir zogen aber ein Mädchen vor, das noch ärmer war als wir selbst. Ich hasse es, die Brosamen anderer aufzuklauben, und halte es diesbezüglich mit der Bibel: Geben ist seliger denn Nehmen. Geben kann man nur, wenn man mehr hat, und das bedeutet Power. Ich wollte das Sagen haben und hatte es zumeist auch, denn ich konnte am längsten sprechen, ohne Luft zu holen. Deshalb litt ich auch nur sehr selten unter Freundschaften mit Frauen.

Eines Tages stellte Hera Paris ein Ultimatum: Entweder wäre er bereit, mit ihr in die Stadt zu ziehen, wo sie einen Job bekommen konnte, oder sie würde sich von ihm scheiden lassen.

Paris war wie von den Socken, denn er hatte sich immer als liebevollen, verantwortlichen Ehemann gesehen. Deshalb wollte er nun wissen, warum sie ihn denn nicht mehr liebte. Sie hätte ihn noch nie geliebt, antwortete Hera ungerührt, und das habe sie ihm auch schon vor der Hochzeit gesagt. Sie hätte zwar immer gehofft, daß sich die Liebe später noch einstellen würde. Damit wäre aber nichts gewesen, denn er hätte ihr in acht Jahren Ehe nur ein einziges Kleid geschenkt. Außerdem sei sie es leid, mit der ständigen Unsicherheit zu leben, ob man denn nun die Miete bezahlen könne oder nicht.

»Nach allem, was ich für dich getan habe«, lamentierte Paris, denn als Künstler dachte er zuallererst an sich selbst. Musikmachen war sein Hobby, und er wußte genau, daß die Gesellschaft seine Töne nicht als notwendig empfand. Und all sein Üben machte ihn auch zu keinem besseren Akkordeonspieler. Hera, praktisch, wie sie war, empfand aber nicht die geringste Lust, Paris ein Leben lang dafür dankbar zu sein, daß er ihr seinen Namen geschenkt hatte. Außerdem waren sie quitt, denn sie hatte ihm ihren Körper mehr als einmal zum Zwecke der Selbstbefriedigung überlassen. Zu allem Überfluß spuckte er auch noch mehrmals täglich lautstark aus. »Meine Kinder haben etwas Besseres verdient«, schluchzte Hera, denn herzlos war sie ja nicht. »Sie brauchen nicht zu erfahren, daß wir geschieden sind. Bis ich eine Wohnung für uns alle gefunden habe, gebe ich sie in ein Kinderheim und ziehe zu meinen Eltern.«

Worauf auch Paris nichts mehr einfiel und er in die Scheidung einwilligte.

Hera versuchte uns den Abschied zu erleichtern, indem sie uns vorlog, daß wir während der Sommerferien im Schullandheim bleiben müßten. Außerdem, so versicherte sie uns, sei es dort weitaus lustiger als zu Hause. Erste Zweifel diesbezüglich kamen uns, als die Sommerkinder abfuhren und uns in diesem riesigen, abgewirtschafteten Gutshaus allein zurückließen. Wir durften zwar aus dem großen Schlafsaal in ein Zweibettzimmer umziehen, aber Aphro litt trotzdem an Heimweh und hatte eine Erkältung nach der anderen.

★

Mit zwölf bekam Aphro ihre Periode, während ich noch ein Jahr darauf warten mußte. Niemand hatte sich die Mühe gemacht, uns auf die Menstruation vorzubereiten. Plötzlich stand meine Schwester also mit durchbluteten Unterhosen da und überlegte, welcher Krankheit sie wohl zum Opfer gefallen sein könnte. Danach reagierte sie wie gewohnt und begann zu heulen. Woraufhin ihr die älteren Mädchen allerlei erklärten.

Was mich wütend machte, war, daß Aphro nun Geheimnisse vor mir hatte. Als ich wissen wollte, worüber sie mit den älteren Mädchen tuschelte, wurde ich mit der Bemerkung, das wäre nichts für Kinder wie mich, abgespeist. Diese Änderung in unserem Rollenspiel konnte ich nicht akzeptieren und warf mit einer Schere nach ihr.

Mein seelisches Gleichgewicht war erst wiederhergestellt, als mir der sechzehnjährige Rüdiger Ödipus Rex den ersten Zungenkuß verpaßte, wofür ich ihm so dankbar war, daß ich ihn unverzüglich zu meinem Freund erklärte. Ihm war das egal, solange ich nur in dunklen Kellernischen mit ihm knutschte.

Aphro schaute sich mein Unwesen von ferne an. Sie wäre auch zu scheu gewesen, moralische Anstandsregeln des Heimes zu übertreten. Erst ein Jahr später, als wir einen neuen Direktor bekamen, der die bisher strikt getrennten Geschlechter zusammenbringen wollte, um sie aufs »Leben draußen« vorzubereiten, nahm auch sie an den Tanzabenden teil. Das war der Zeitpunkt, zu dem uns Hera aus dem Heim rausnahm, damit wir »nicht total« verwilderten, wie sie das nannte. Wir zogen in eine kleine Sozialwohnung, die sie billig von der Stadt München gemietet hatte. Grund genug für sie, die nächsten dreißig Jahre in den Diensten der Stadt München zu bleiben. Hera übergab uns der Obhut unserer Großmutter, deren oberste Maxime Pünktlichkeit und Ordnung waren. Nachdem sie aber für uns kochte, putzte und wusch, nahm ich ihr das nicht weiter übel. Als aber Hera nach Dienstschluß das Sagen bei uns haben wollte, bestrafte ich sie mit Liebesentzug, indem ich oft monatelang nicht mit ihr sprach. Ich schätzte es nämlich nicht, daß sie für unseren Lebensunterhalt aufkam. Richtige Mütter, so konnte ich in meiner Umgebung beobachten, waren Hausfrauen. Hera empfand ob ihrer Doppelrolle Schuldgefühle und verschaffte mir damit die nötige Angriffsfläche.

Zu meinem ersten »richtigen Freund« kam ich durch Heras protestantischen Glauben. Im Konfirmantenunterricht warb mein Adonis gemeinsam mit einem gutaussehenden blonden Jungen um die Gunst der Aphro. Sie entschied sich für den schöneren Blondschopf, und so kam ich in den Genuß des von ihr Verschmähten, der sowieso mehr nach meinem Geschmack war, denn er hatte dunkle Augen und Haare.

Als Aphros Freund ein Jahr später den Wunsch

äußerte, mit ihr zu schlafen, argumentierte sie, daß man so was nur macht, wenn man verheiratet ist. Daraufhin hielt er um die Hand meiner vierzehn Jahre alten Schwester an. Diese lehnte mit der Begründung ab, daß sie dafür noch zu jung sei. Danach machte sie Schluß mit ihm – mit dem Ergebnis, daß sich auch mein geliebter Adonis absetzte. Dem hatte unser vierblättriges Kleeblatt offenbar mehr gefallen als mir. Kurze Zeit danach verliebte er sich in ein blondes dünnes Mädchen, das er bald heiratete.

Danach beschloß ich, die Dinge selbst in die Hand zu nehmen und mir auf eigene Faust einen Freund zu suchen. Den verlor ich wieder, als er sich in meine Schwester verliebte. Als Sozialarbeiterin stand meine Mutter immer auf der Seite der Verlierer und zog mich deshalb von nun an meiner Schwester vor. Daß es durchaus vorteilhaft sein kann, als Zwilling auf die Welt zu kommen, erfuhr ich zum zweiten Mal, als ich meine Prüfung auf der Mittelschule bestand. Wir hatten auf Wunsch unserer Mutter und gegen den Rat unserer Lehrer den Eignungstest gemeinsam gemacht. Als wir beide durchfielen, rührte das meine zukünftige Deutsch- und Geschichtslehrerin. Um zu verhindern, daß unsere Mutter zwei Versager an der Hand hatte, ließ sie mich die Prüfung bestehen. Ein Jahr später war ich ein eifriger Leser von griechischen Sagen und stolz, auf einer höheren Schule zu sein, mußte die Klasse aber wiederholen.

Als man meine Schwester auf eine Wirtschaftsschule schickte und dort zur Hausfrau erzog, dachte ich, daß die Balance zwischen uns wiederhergestellt sei. Es machte mir nichts mehr aus, daß sie die Schönere war. Dafür hatte ich das Hirn. Das Pendel schwang aber zu Aphros Gunsten zurück, als ihr die Haushaltsschule wider Erwarten Spaß machte. Dort entwarf und nähte sie sich ihre eigenen Kleider, in denen sie groovy aussah. Bisher waren wir immer gleich angezogen gewesen, und zum Thema Geschmack hatte ich mir deshalb noch keine Gedanken gemacht. Mit zunehmendem Alter konnte ich Aphro nicht einmal mehr imitieren, denn ihr Körper war ganz anders gebaut als meiner. Sie hatte im Vergleich zu mir eine männliche Figur mit breiten Schultern und schmalen Hüften. Ihre langen dünnen Beine standen im krassen Gegensatz zu meinen kurzen, strammen Hax'n. Nicht als männlich konnte man allerdings ihren gut entwickelten Busen bezeichnen, der mir meine Hühnerbrust noch mehr zu Bewußtsein brachte. Ihre vollen, beinahe negroiden Lippen ließen meinen Mund schmal erscheinen. Ich schämte mich auch meiner langen Nase, die mich beim Küssen störte und die ich deshalb wegoperieren wollte. Als sich Aphro zudem noch eine erste eigene Freundin zulegte, mit der ich nichts anfangen konnte, denn die beiden hatten nur Männer im Kopf, da blieb mir gar nichts anderes übrig, als mich auch neu zu orientieren. Ich schloß mich voller Neid der Klassenbesten an. Sie schrieb die besten Aufsätze, während ich ein Buch nach dem anderen verschlang.

Andromeda sah aus wie ein Albino, war hoch aufgeschossen und sehr ruhig. Gerade dieser Gegensatz zog mich an. Es wäre eine Ehe geworden, die im Himmel geschlossen wurde, aber die Konventionen verlangten, daß es mich nach Jungs gelüstete. Ich verlor sie ein Jahr später aus den Augen, als ich das erste Schuljahr wiederholen mußte.

Als Hera mich dann bat, meinen Zwilling zu einer neuerlichen Aufnahmeprüfung an meiner Schule anzumelden, verteidigte ich meinen Lebensraum und tat nichts. Erst Jahre später, als mir Aphros Lernpotential klarwurde, bekam ich Schuldgefühle, weil ich ihr das höhere Lernen verwehrt hatte. Doch sie entwickelte inzwischen ihre eigene Methode, mit ihrer mangelnden Schulbildung umzugehen, indem sie nach einem cleveren Mann Ausschau hielt. Als Hera uns das Geld zum Tennisspielen gab, um uns allen den Einstieg in die höheren Gesellschaftsränge zu erleichtern, erreichte sie ihr Ziel und machte auf dem Tennisplatz gleich den Fang ihres Lebens, als ein fünfundzwanzigjähriger Physikstudent ihren Reizen verfiel. Sein Name war Gerhart, aber ich nenne ihn Uranus – aus guten Gründen. Auch er hatte mit Aphrodite gewissermaßen das große Los gezogen, denn sie war schön, großbusig, hatte wenig Bildung und war inzwischen sogar zum Kindermädchen avanciert. Eine Kombination, der sich nicht einmal Könige entziehen können, wie man weiß.

Dennoch war ich der Ansicht, daß Gerhart intellektuell viel besser zu mir paßte und ich ihn als die bessere Tennisspielerin ohnehin eher verdient hatte. Als er aber nur Augen für Aphro besaß, bekam ich den Blues, denn diesmal war mein Verlust gleich zweifacher Natur. Ich verlor nicht nur meinen Tennispartner, sondern auch an Prestige. Er verbrachte seine ganze Freizeit mit Aphro, und die beiden bewegten sich auf einer Gesellschaftsebene, die meine finanziellen Möglichkeiten bei weitem überstieg. Aphro lernte Skifahren, Segeln und Reiten und fuhr mit ihm an den Wochenenden mit seinem kleinen Fiat aufs Land. Von Zeit zu Zeit luden sie mich ein mitzukommen, aber es ging mir gegen den Strich, das fünfte Rad am Wagen zu sein. Deshalb bekam ich es auch nicht mit, als sie nach einem Jahr zum ersten Mal Sex miteinander hatten. Uranus verbot ihr auch, darüber zu sprechen, da sie zu diesem Zeitpunkt noch minderjährig war. Wäre Hera hinter ihr kleines Geheimnis gekommen, hätte das gerichtliche Folgen für ihn haben können. Dank ihrer eigenen Erfahrungen war Hera entschieden gegen jegliches voreheliche Geplänkel. Denn seit sie Kinder hatte – und erst recht nach ihrer Scheidung –, sah keiner ihrer Liebhaber die Notwendigkeit, die Kuh zu kaufen, wenn er auch so zu Milch kommen konnte. Eine Redewendung, die damals nicht nur auf dem Dorf gang und gäbe war.

Ihr Exverlobter Hermes hatte sich bereits einer anderen Frau versprochen. Danach hatte sie eine Affäre mit einem seriös aussehenden, weißhaarigen Porschefahrer begonnen, da wir immer bestrebt sind, uns mit jeder Beziehung zu verbessern. Doch Eros hatte Hera von Anfang an gewarnt, daß er unter keinen Umständen bereit war, sich an die Leine legen zu lassen. Das war verständlich, denn gute Geschäftsmänner verbessern sich selten durch eine Ehe. Aber wie immer war Hera felsenfest davon überzeugt, daß keiner sich ihren weiblichen Reizen entziehen konnte, auch wenn dieselben nun nicht mehr so frisch waren. Um zum Ziel zu kommen, zog sie alle Register, und als er sich trotzdem absetzte, brauchte sie einige Jahre, um sich die Wunden zu lecken, die ihr der eigene Stolz geschlagen hatte.

Von jetzt an versuchte sie ihre Liebesaffären nach Möglichkeit vor uns geheimzuhalten. Das Ergebnis bekamen wir trotzdem meistens mit. Einmal saß sie drei Tage und drei Nächte vor dem Ofen, um einem Liebhaber nachzutrauern, der sie für eine Ehemalige im Stich gelassen hatte. Er wäre erstklassiges Heiratsmaterial gewesen, denn er besaß nicht nur ein Haus und ein Auto, sondern war zudem ein bekannter Rechtsanwalt. Aus allen vorgenannten Gründen wollte dieser stattliche Mann umworben werden, was der konservativen Hera gegen den Strich ging, die der Ansicht war, daß es die Aufgabe eines Mannes sei, um eine Frau zu werben. Die Ehemalige war aber willens, diese männliche Rolle zu übernehmen, und bekam als Belohnung den reichlich femininen Herrn Justizia. Hera beobachtete aus der Ferne neidvoll deren Harmonie. Befragt, warum die Beziehung auseinandergegangen sei, sagte sie jedem, der es hören wollte, im Brustton der Überzeugung, daß sie niemals einer anderen Frau den Mann ausspannen würde.

Nicht zuletzt weil sie selbst nicht zum Zug kam, war Hera strengstens darauf bedacht, daß Aphro ihre stärkste Waffe im Geschlechterkrieg nicht aus der Hand gab: die Jungfernschaft. Aphro fand aber, daß sie gar keine andere Wahl hatte, als ihren eigenen Körper in die Waagschale zu werfen, wenn sie Uranus an der Angel behalten wollte. Eine Tatsache, die ihr schwer auf der Seele lastete, denn sie war nicht daran gewöhnt, sich regelwidrig zu verhalten. Vor lauter Angst, schwanger zu werden, bekam sie schreckliche Magenschmerzen. Doch auch der Herr Doktor, zu dem sie von Hera geschickt wurde, konnte mit seinen Rollkuren dem Übel nicht abhelfen, sondern verliebte sich lediglich seinerseits in Aphro.

In dieser Zeit fing ich an zu malen, kreativ zu sein und mir eine eigene Welt mit Formen und Farben zu erschaffen, die meinem persönlichen Schönheitssinn entsprachen, gab mir ein Wohlgefühl, wie ich es nie kennengelernt hatte. Als mich meine Mutter nach dem Abschluß der mittleren Reife fragte, was ich beruflich machen wollte, sagte ich: Malen. Hera meinte aber, Malerei sei brotlose Kunst, und schickte mich aufs Arbeitsamt. Dort fand man heraus, daß ich über kaufmännische Kenntnisse verfügte, was mich etwas erstaunte, da ich bisher nicht einmal mein Geld hatte zusammenhalten können.

In der Zeitung las Hera dann, daß eine Kaufhauskette in zahlreichen Städten Managementtrainees suchte. Damit hatte ich meinen Freifahrtschein in die Freiheit gefunden.

★

An unserem achtzehnten Geburtstag überraschte Hera jede von uns mit einem Bernsteinring. Weniger verblüfft waren wir über die Mitteilung, daß unser richtiger Vater Zeus war und nicht Paris. Als wir ihr sagten, daß wir das schon längst wußten, freute sie sich, schon so erwachsene Töchter zu haben. Ich versprach, Zeus zu suchen, löste mein Versprechen aber erst fünfzehn Jahre später ein. In der Zwischenzeit war ich vollauf mit der Suche nach Ersatzvätern und/oder Liebhabern beschäftigt.

Im Moment allerdings fehlten mir noch alle sexuellen Erkenntnisse. Woher sollte ich sie auch nehmen, hatte sich doch bisher kein Mann ernsthaft Mühe gegeben, mich aufs Kreuz zu legen. Ein dreißigjähriger Italiener hatte in diesem Jahr zwar versucht, mich zu vernaschen, war diesem Unterfangen aber nicht ganz gewachsen. Er trank sich so viel Mut an, daß seine Erfolgschancen gen null tendierten, denn es war nicht zu übersehen, daß das alles mit Liebe nichts zu tun hatte. Auf Amore bestand ich aber, denn alle Filme und Bücher, die ich gesehen und gelesen hatte, ermahnten mich unmißverständlich, daß Sex ohne Liebe undenkbar war. Virus machte mir den Hof, stellte mich den Dorfbewohnern vor, tanzte mit mir Wange an Wange in einem Straßencafé und begleitete mich zum Strand, obwohl er nicht schwimmen konnte. Eine Woche später ging er zum Angriff über. Er klopfte an meine Tür, und da er nicht lockerließ, machte ich ihm irgendwann auf – zumal ihm das Hotel gehörte, in dem ich abgestiegen war. Torkelnde Liebhaber ließen meine erotischen Phantasien aber nicht zu. Deshalb verließ ich fluchtartig das Zimmer und versteckte mich in einer Bootshütte am Strand. Erst in der Morgendämmerung kroch ich fröstelnd aus meinem unbequemen Versteck hervor und schlich mich auf mein Zimmer zurück. Dort fand ich meinen Don Juan laut schnarchend auf dem Bett. Ich warf ihn raus. Schuldbewußt verwöhnte er mich danach mit allen möglichen Leckerbissen und gab mir zum Abschied einen leidenschaftlichen Kuß. Darauf reagierte ich wie in den Büchern vorgeschrieben und schwor ihm ewige Liebe. Acht Wochen später beantwortete er meinen seitenlangen Brief mit einer Postkarte und ward danach nie mehr gehört.

Als ich meine Mutter fragte, ob man durch Küsse schwanger werden könne, kam sie zu der Überzeugung, daß sie mich lieber nicht alleine hätte nach Italien fahren lassen sollen.

Nach dem Urlaub konzentrierte ich mich verstärkt auf die Arbeit. Ich versuchte mein Prestige aufzupolieren, indem ich mich dunkel kleidete, um äußerlich eine Autorität zu demonstrieren, die mir innerlich noch fehlte. Meine älteren Kolleginnen kleideten sich eher smart und sexy, gefielen ihren Bossen und wurden unverzüglich geheiratet. Darum beneidete ich sie, wies gleichwohl die Avancen eines einäugigen Substituten aus der Lederwarenabteilung ab. Sogar als er mir versprach, mich in ein anderes Kaufhaus mitzunehmen, in dem man ihn zum Abteilungsleiter und mich zur Substitutin befördern würde, blieb ich eisern. Im Vollbesitz meiner Energien war ich sicher, diesen Sprung auch aus eigener Kraft schaffen zu können, sobald man mir die nötigen Grundkenntnisse vermittelt hatte. Woraufhin sich Zyklop in eine blonde, schlanke Verkäuferin verliebte. Zweifel an der Richtigkeit meiner Entscheidung kamen mir erst Jahre später, als er zum Einkäufer einer großen Sportfirma avanciert und ich auf dem Nullpunkt meiner Karriere angelangt war.

Doch im Moment litt ich lediglich an den Plattfüßen, die mir vor der Anstellung attestiert worden waren. Nach zehn Stunden Herumrennen taten sie mir so weh, daß sie mich nur noch in die Badewanne trugen. Tagsüber gaben mir »meine« Angestellten unmißverständlich zu verstehen, daß ich als ihre Vorgesetzte mehr wissen müßte als sie, wenn ich sie herumkommandieren wollte. Fortan entschuldigte ich mich beinahe für jede Anordnung, die ich gab, und verlor noch den letzten Rest an Respekt.

Entspannen konnte ich mich erst wieder, als ich im Zuge meiner Traineeausbildung in eine andere Stadt geschickt wurde. Stolz auf mein erstes eigenes Zimmer, lud ich einen gutaussehenden Kollegen, der mich nach Hause gefahren hatte, noch auf einen Kaffee ein. Da ich keine Stühle hatte, setzten wir uns auf mein Bett, was er irrtümlich als Einladung zum Tanz ansah. Ohne Vorankündigung warf er sich mit seinem ganzen Gewicht auf mich. Mit geballter Kraft schubste ich ihn wieder von mir und verwies ihn der Tür. Am nächsten Tag sah ich ihn Hand in Hand mit einer Kollegin, die dünner und älter als ich war, durch das Kaufhaus flanieren.

Ich war stolz, daß ich mich von ihm nicht hatte überrollen lassen, aber auch ein bißchen sauer, daß mir der Gedanke an Sex mit ihm nicht früher gekommen war. Ideale Voraussetzungen, sich zu verlieben! Zwei Wochen später prallte ich an der Tür mit Stefan zusammen, meinem Poseidon. Ich errötete vor Begeisterung, als ich sah, daß er einen dreiteiligen Anzug trug, was genau meiner Idee von einem gutsituierten Geschäftsmann entsprach. Außerdem war er zwei Köpfe größer als ich. Seine braune Kurzhaarfrisur ließ mich seine großen blauen Augen vergessen, die ganz erschrocken dreinblickten. Für mich war es Liebe auf den ersten Blick, und ich bekam schnell raus, daß er in der Möbelabteilung arbeitete. Ich konnte es kaum mehr erwarten, bis er den nächsten Schritt machte, um mich kennenzulernen. Wer immer den ersten Schritt macht, ist stärker interessiert und bleibt derjenige, der das Feuer entzündet und es danach vor dem Erlöschen bewahrt. Mit etwas Ausdauer kann es einem Mann eventuell gelingen, eine unschlüssige Frau rumzukriegen. Umgekehrt nicht. Der Mann benötigt einen gewissen Erregungszustand, um agieren zu können. Ohne ein solches Hoch sind sie untauglich. Deshalb hat es wenig Zweck, einen gänzlich uninteressierten Mann ködern zu wollen.

Bei einem Betriebsausflug mit dem Schiff den Rhein hinunter konnte er mir nicht mehr entkommen. Er suchte und genoß die Gelegenheit, mit seinen Interessen und Hobbys zu brillieren. Besonders liebte er es, in exotischen Landschaften zu fotografieren, aber er las auch gern und hörte gute Musik. Als er dann noch von seiner selbstgewählten Isolation sprach, in der er wie ein Eremit lebte, klang etwas wieder in mir. Zwei Wochen später lud er mich zur Eröffnung einer Kunstgalerie ein, die seine Fotografien ausstellte. Danach bat er mich, einen Blick auf seine hundertfünfzig tropischen Fische zu werfen, die er zu Hause in einem Aquarium hielt. Beim Anblick der Kaltblüter wurde mir heiß, denn sein kleines Apartment im Dachjuchhe entsprach ganz meinen Vorstellungen von meiner zukünftigen Wohnung. Nach einem Glas Tee fand ich es ganz natürlich, daß er mir den Pullover über den Kopf streifte und meinen kaum entwickelten Busen zu küssen begann. Wir hörten Chopin, und ich eröffnete ihm sehr ernst, daß ich noch Jungfrau war. Er war sofort bereit, von mir abzulassen, meine Mitteilung überraschte ihn aber doch sehr. »Können denn nur junge Mädchen Jungfrau sein?« fragte ich ihn, denn mit zwanzig fühlte ich mich schon sehr alt.

»Der Panzer einer starken Frau ist doch viel schwerer zu durchdringen als der eines dummen, kleinen Mädchens.« Danach ermunterte ich ihn fortzufahren, obwohl sich bereits Schweißperlen auf seiner Stirn bildeten. Mein Hymen weigerte sich partout, seine Funktion aufzugeben. Diesbezüglich hatte ich eine gewisse Ähnlichkeit mit Elisabeth I. von England, die man auch die ewige Jungfrau nannte. Poseidon fragte sich nicht ganz zu Unrecht, wie er zu seinem Vergnügen kommen solle, denn das Ganze erinnerte ihn doch sehr an Arbeit. Als er dann noch an die möglichen katastrophalen Folgen dieser Entjungferung dachte, wollte er aufgeben. Die meisten Frauen sollen sich ja »danach« mit Leib und Seele an den Betreffenden binden und schwören ihm so lange ewige Liebe und Treue, bis sie ihn zum Ehemann gemacht haben. Ein Gedanke, der Poseidon nicht begeisterte, denn ich war eindeutig die treibende Kraft, und eigentlich mochte er meinen Frauentyp gar nicht. Seine letzte Eroberung, hatte er mir erzählt, war eine sanfte Schönheit mit langen schwarzen Haaren, die sich von ihm getrennt hatte.

Ich gewann diese erste Runde, denn mein Wunsch,

entjungfert zu werden, war stärker als seine Angst, mich nicht wieder loszuwerden. Er tröstete sich damit, daß er ein Mann von Welt war, dreizehn Jahre älter als ich und sexuell erfahrener.

Nach dem Akt trug er das blutbefleckte Leintuch nicht ohne einen gewissen Stolz ins Badezimmer, um es auszuwaschen. Ich interpretierte seinen fehlenden Killerinstinkt, obwohl er körperlich gut gebaut war, als Empfindsamkeit und bedankte mich für seine Dienste. Der erste Geschlechtsverkehr war schmerzhaft, so blieb es auch bei den nächsten zehn Malen.

In der Annahme, mit ihm die schönste Zeit meines Lebens verbracht zu haben, wurde ich drei Monate später versetzt und verließ Poseidon. Zum Abschied brachte er mich an den Bus. Bevor er mit eingesunkenen Schultern im trüben Morgenlicht eines Frühlingstages verschwand, schwor ich ihm ewige Liebe und Treue. Ein Versprechen, das ich fast problemlos die folgenden zwei Jahre unseres Getrenntseins hielt.

Es war derselbe Schwur, den auch mein Zwilling Aphrodite im Begriff war zu schwören, allerdings vor dem Altar, denn sie näherte sich ihrem einundzwanzigsten Geburtstag, was damals hieß: Volljährigkeit und bestes Heiratsalter.

Aphros Fahrschullehrer war zwar finanziell bessergestellt als Uranus, denn im Winter arbeitete er als Skilehrer, aber ihm mangelte es an Schulbildung. Hera zufolge aber war Lernen der Schlüssel zum Erfolg.

Als Aphro kurz danach ihre Periode wieder bekam,

stand ihre Entscheidung fest, Uranus wurde zum Ziel aller ihrer Wünsche. Insgeheim hoffte sie jedoch, daß ihre Kinder nicht aussehen würden wie er.

Einerseits beneidete ich Aphro darum, daß sie den Mann fürs Leben schon gefunden hatte, andererseits war ich mir ziemlich sicher, daß auch ich bald mit Poseidon vor dem Altar stehen würde. Ich freute mich also auf ihre Hochzeitsfeier, zu der dreißig Personen eingeladen waren. Ich hatte gar nicht gewußt, daß wir so viele Bekannte hatten.

Mehr denn je strotzte Aphrodite vor Weiblichkeit. Ihre Kurven zeichneten sich klar unter ihrem enganliegenden Spitzenkleid ab. Wir alle umschwirrten sie wie die Bienenkönigin, und da machte auch Poseidon keine Ausnahme.

Es war unser erstes Treffen, seit ich ihn vor einem Jahr verlassen hatte, und ich war begeistert, ihn wiederzusehen. Er allerdings reagierte eher zögerlich, denn er wußte genau, was ich mit ihm vorhatte. Deshalb hatten mich seine Briefe auch nur in großen Abständen erreicht, und der Inhalt entsprach keineswegs immer dem, was ich hören wollte. Es waren eher heiße und kalte Duschen, die nur Poseidon regulieren konnte. Wenn immer er den Eindruck hatte, daß ich mich ohne ihn zu wohl fühlte, kam unweigerlich ein jammervoller Brief von ihm. Von da an war und blieb es meine Aufgabe, sein angeschlagenes Ego zu stärken, was ich auch gern tat. Ich hatte Energie und Optimismus für zwei. Aber Poseidon hatte bereits zu viele Niederlagen erlitten, um so unerschrocken zu sein wie ich. Ganz abgesehen von seiner langhaarigen Exfreundin, die ihn verlassen hatte, fühlte er sich von seinen Arbeitgebern ausgenutzt und von der ganzen Welt verkannt, da seine künstlerischen Versuche noch nicht ihren Platz auf der Weltausstellung der Fotografie gefunden hatten.

Voller Hoffnung, daß Aphos Hochzeit alle Unklarheiten zwischen uns beseitigen würde, war ich bitter enttäuscht, als Poseidon sauer auf mich war. Er umschwirrte Aphro wie eine wild gewordene Hornisse, vermieste mir den fetten Schweinebraten noch mehr, indem er mir ankündigte, daß er eines Tages Zigaretten holen gehen und niemals zurückkehren würde, denn nur Trennung oder Selbstmord könne ihn vor meinem destruktiven Einfluß bewahren. Das war nicht ganz das, was ich an einem Tag wie diesem hören wollte. Ich rannte aufs Klo und blieb eine ganze Weile dort.

Um die Entfernung zwischen Poseidon und mir zu verringern, bewarb ich mich um einen Job in Köln. Das war doch was: künftige Einkäuferin für Lederwaren!

★

Das Liebesleben gibt einen besonders intimen Hinweis auf die Persönlichkeit, und Poseidon bestand auf Koitus interruptus. Daß sich das aber auch auf seine ganze Lebensart bezog, konnte ich damals noch nicht wissen. Ich dachte nur, daß er damit zwei Fliegen mit einer Klappe schlagen wollte: Ich mußte mich danach nicht waschen, und schwanger wurde ich auch nicht. Ihn bewahrte die Prozedur vor einem Kondom. Er mochte nämlich, wie alle Männer, die Zweifel an ihrer Potenz haben, keinen »Regenmantel«, um seinen Ausdruck zu benutzen. Es würde seine Sensitivität beeinträchtigen und damit auch sein Vergnügen, sagte er. Von der Pille wußten wir beide noch nichts, und mein Vergnügen stand gar nicht erst zur Debatte.

Da Poseidon, wie die meisten großen Männer, einen gutentwickelten Penis hatte, gelang es ihm, mich in alle möglichen Erregungszustände zu versetzen. Die Neuheit der Situation mag auch etwas damit zu tun gehabt haben. Es überraschte mich sehr, welches Gefühl der Vertrautheit mir die geschlechtliche Vereinigung vermittelte, obwohl Poseidon ja beinahe noch ein Fremder war.

Gelegentlich fühlte ich ein Prickeln bis hinauf zu den Ellbogen. Nach dem Geschlechtsverkehr schluchzte ich sogar öfter mal hysterisch. »Vor lauter Glück«, wie ich sagte. Heute weiß ich natürlich, daß es ein Ausdruck meiner Frustration war. Poseidon brachte mich zwar hoch, es gelang ihm aber nicht, mich wieder runterzubringen.

Nie kam ich zur Entspannung, obwohl er keine

Probleme hatte, seine Armstützen zehn Minuten lang durchzuhalten. Dafür wurde er dann immer mit seinem Höhepunkt belohnt, aber das brachte mich auch nicht weiter. Im Hite-Report, in dem Frauen beschreiben, wie sie den Sex genießen können, las ich dann Jahre später nach, daß meine Klitoris durch den Penis, mit Fingern oder mit dem Mund hätte stimuliert werden müssen. Ein Geheimnis, das sich den meisten Männern (heute wie damals) entzieht oder sie vorziehen zu ignorieren. Letztendlich konnte es doch nicht ihre Aufgabe sein, die Frau zu verwöhnen, sondern es war die Pflicht der Frau, ihren Herrn und Gebieter bei Laune zu halten. Was sich unter Umständen ja noch rechtfertigen ließe, wenn der Mann im Gegenzug finanziell echt was bringen würde. Oder vom Prestige her.

Es beruhigte mich, als ich herausfand, daß zwei Drittel der Frauen genau wie ich durch Bumsen auch nicht zum Höhepunkt kamen. Einen vaginalen Orgasmus habe ich praktisch nicht kennengelernt – ebensowenig wie die meisten meiner Kolleginnen später im »Milieu«.

Etwas anderes als die Missionarsstellung kannte Poseidon nicht. Kritiklos hatte ich von meiner Mutter die Annahme übernommen, daß man Männern »zuarbeiten« müsse, die, wie ihr Vater, an die Spitze der Rangordnung gehörten. Ein Gedankengut, von dem sie auch nach acht Jahren Ehe mit Paris nicht Abstand nahm, auch wenn er sich öfter mal gegen ihren Willen ihres Körpers bediente. Damals hatte ich aber meine Freude an Poseidons Befriedigung und beobachtete voller Bewunderung, wie hoch er seinen Samen schießen konnte, auch wenn er nie die Dachschräge erreichte.

Nach einer Weile ging es mir aber auf die Nerven, jeden meiner Schritte von ihm kontrolliert zu bekommen. Als ich es einmal wagte, diese Schritte im Regen zu machen, und mit einem Fleck in den Nylons bei einem Treffen seines Gesangvereins auftauchte, schickte er mich vorwurfsvoll auf die Toilette, um mich zu säubern, bevor er mich seinen Gesangsbrüdern vorstellte. Der Chor trat in der Oberhausener Stadthalle auf, und Poseidon brillierte mit seinem gefühlvollen Bariton. Ich errötete vor Freude, als er mir vor versammelter Mannschaft »Ich liebe Dich« von Franz Schubert vorsang. Seine Vorhaltungen ärgerten mich dennoch, denn das mit dem Fleck wäre mir nicht passiert, wenn er einen Wagen besessen hätte und wir nicht hätten zu Fuß gehen müssen. Kurz danach kaufte ich mir deshalb einen gebrauchten knallroten VW-Käfer. Den ich allerdings keine vier Wochen später zu Schrott fuhr.

Das nächste Jahr unserer Wochenendliebe verging wie im Fluge.

Die ersten Zweifel, ob wir tatsächlich füreinander geschaffen waren, schlichen sich bei mir ein, als er eine Reise nach Paris vorschlug und mir die Stadt der

Liebenden dann total vergällte. Als er mir alle Sehenswürdigkeiten im Schnelldurchgang zeigen wollte, obwohl ich für Ausschlafen plädierte und ein ausgedehntes Frühstück im Bett bevorzugt hätte, nahm unser Machtkampf neue Dimensionen an. Nach drei Tagen, in denen wir wie besessen vom Eiffelturm zu den Champs-Elysées, zur Mona Lisa und wieder zurück gepest waren, fuhr ich schwere Geschütze auf. Ich machte mitten in der Metro in die Hose.

Als die Woche Paris vorbei war, beschloß ich, mich nebenbei als Bedienung zu verdingen. Poseidons Erlaubnis hierfür holte ich mir nicht, denn er hatte mich sang- und klanglos in Paris an die Eisenbahn gebracht und mir mitgeteilt, daß er noch ein paar Tage bleiben wolle. Ich fühlte mich zwar abgeschoben, in meinem warmen Eisenbahnabteil aber ganz gut aufgehoben. Daß das schönste am Reisen der Bahnhof auf dem Nachhause ist, erfuhr ich bei dieser Gelegenheit.

Es beschämte mich zwar, als Bedienung sozial abzusteigen. Unsere Zentrale war in einem Hochhaus gelegen, was mir den Glauben gab, mich bereits auf einer höheren Ebene zu bewegen. Deshalb wählte ich einen Vorort weit weg vom Schuß, um nicht gesehen zu werden. Da die Anfahrt mit der Trambahn aber zu lange dauerte, sattelte ich schnell auf einen drittklassigen Nachtclub um. Er lag in der City von Köln und kaum hundert Schritte von meinem möblierten Zimmer entfernt. Auch ein Ort, an dem mich niemand vermutet hätte. Als Bardame war es meine Aufgabe, die Männer zum Trinken zu animieren, wurde mir gesagt. Was man mir aber verschwieg, war, daß die Mädchen dort ihren Hauptverdienst mit Prostitution machten. Da ich kaum trank, bat ich um einen winzig kleinen Schuß Whisky in meiner Cola und fühlte mich trotzdem nach vier Gläsern bereits völlig betrunken. Es war kein Vergnügen, auf Befehl zu trinken, und auch nicht einfach, die eifrigen Hände der Männer, die unter dem Tisch mit Vehemenz zwischen meine Beine grabschten, in Schach zu halten. Aber all das hätte ich noch in Kauf genommen, wenn man mich nicht um fünf Uhr in der Frühe unbezahlt nach Hause geschickt hätte. »Alle meine Gäste«, wurde mir gesagt, seien Stammkunden gewesen, die ihre Rechnung erst am Monatsende zahlen müßten. Trotzdem wollte ich die Flinte nicht gleich ins Korn werfen.

Am nächsten Abend machte ich die Bekanntschaft von Rolf, der zusammen mit einem Geschäftspartner um die Häuser zog. Er lud mich für drei Uhr morgens zu einer Party bei sich zu Hause ein. Endlich sahen sich meine Kolleginnen bemüßigt, mich aufzuklären, und baten mich, ein Wort für sie einzulegen, als sie merkten, daß ich nicht die geringste Absicht hatte, mich zu prostituieren. Aber Rolf, den ich zu Hephaistos machte, weil er eine Zangengeburt und sein Gesicht deshalb etwas verschoben war, wollte nur mich. Beschäftigt war er im gehobenen Management einer großen Stahlfirma.

Tags darauf fühlte ich mich sehr geschmeichelt, als Hephaistos mich in einer riesig schwarzen Limousine, seinem Firmenwagen, abholte. Da ihm kein Restaurant in Köln gut genug war, fuhren wir zu einem Feinschmeckerlokal in Düsseldorf.

Lokal und Gäste waren so vornehm und die Portionen so klein, daß ich meine Augen lediglich an dem teuren Geschirr weidete. Eine gewisse Schadenfreude konnte ich mir deshalb nicht verkneifen, als Hephaistos mir später gestand, daß er sich dort eine Fischvergiftung zugezogen hatte. Kaum hatte sich mein Edelmetallschmied von diesem Schrecken erholt, lud er mich zu sich nach Hause ein. Als wir auf seinem Dachgarten in der untergehenden Sonne lagen und er mir raffinierte Cocktails zu guter Musik servierte – »Me and Mrs. Jones, got a thing going on ...« –, stieß mich sein Mundgeruch zu sehr ab, und ich gab vor, Poseidon nicht vergessen zu können. Danach übersah ich seine sexuellen Ouvertüren, so gut ich konnte. Das war nicht ganz einfach, denn die Opulenz seiner Wohnung, die erlesenen asiatischen Bronzestatuen, die teuren Chintz-Couchen, wirkten wie ein Aphrodisiakum auf mich.

Als Hephaistos klar wurde, daß er mich nicht haben konnte, machte er mir einen Vorschlag: Ich solle doch Nutte mit Herz werden. Er habe viele Geschäftspartner, denen er mich vorstellen könne. Diese Herren seien so qualifiziert und exponiert, daß sie an richtigen Huren nicht interessiert seien, durchaus aber an jemandem wie mir, »der die Sache mit Herz abwickeln« könne. Ich fiel natürlich aus allen Wolken; wäre ich doch nie auf die Idee gekommen, daß er mich für eine Nutte halten könnte, bloß weil ich zwei Tage in einer Bar gearbeitet hatte. Erst dreizehn Jahre später folgte ich seinem Rat und bedauerte dann, so lange gewartet zu haben. Aber wer weiß, wofür's gut war.

Die letzte Runde zwischen mir und Poseidon wurde durch das Ende meines Assistentenjahres eingeläutet. Ich wollte wissen, ob wir unseren dornigen Pfad gemeinsam weitertrampeln wollten, denn das Wort Heirat hatte immer noch nicht den Weg in Poseidons Vokabular gefunden. Wie immer fühlte er sich durch meine Fragen in die Enge getrieben und verweigerte mir bockig eine Antwort. Zu diesem Zeitpunkt pflegte ich dann in schöner Regelmäßigkeit mit der Trennung zu drohen. Eine bewährte Technik, die unsere Harmonie gewöhnlich schnell wiederherstellte. Poseidon hielt sich diesmal aber nicht an die Spielregeln. Kaum hatte ich meine Drohung ausgesprochen, stimmte er auch schon zu. Der Überraschungseffekt war ihm gelungen, und ich konnte seine Flucht aus meinem Paradies nur dadurch bremsen, daß ich wissen wollte: »Warum?« »Weil ich die Frau meines Lebens gefunden habe.« Nicht der Tatbestand als solcher, sondern der Ausdruck »Frau meines Lebens« machte mir zu schaffen. Noch gestern hatte ich diesen

Titel getragen. Ich konnte ja nicht wissen, daß sich niemand für einen neuen Partner ein neues Vokabular zulegt.

Wutentbrannt packte ich also meine Klamotten und lief grußlos zum Bahnhof. An diesem Abend fuhr aber kein Zug mehr nach Köln. Ich trottete wieder in die Höhle des Löwen zurück, fragte höflich an, ob es ihm möglich sei, es noch eine Nacht mit mir auszuhalten, und fiel ihm danach schluchzend in die Arme. Noch nie war unser Sex so erregend gewesen. Ein weiterer Beweis dafür, daß es für den Körper unerheblich ist, ob seine Erregung durch negative oder positive Ereignisse ausgelöst wird. Nur groß muß sie sein. Einen Orgasmus hatte ich deshalb aber immer noch nicht.

Allein, verheult, aber frohgemut blinzelte ich am folgenden Tag auf dem Weg zum Bahnhof in die aufsteigende Sonne und fühlte mich bestärkt in meinem Glauben, daß mir die ganze Welt noch offensteht, denn ich war erst süße einundzwanzig.

In derselben Woche wurde mir von meinem Arbeitgeber ein schlechtes Zeugnis ausgestellt, in dem man mir vorwarf, daß mich mein Liebesleben zu sehr in Anspruch genommen hätte. Grund genug für mich, meine potentielle Karriere zu kündigen.

Bemüht, den Schauplatz meiner zweifachen Niederlage soweit als möglich hinter mir zu lassen, zog ich mich auf die Couch meiner Mutter zurück, um meine

Wunden zu lecken. Zuerst war sie glücklich darüber, mich wieder zurückzuhaben, aber nach vier Wochen gab sie mir unmißverständlich zu verstehen, daß sie nicht die Wohlfahrt sei. Also wurde ich Geschäftsführerin in einer Boutique, was voll im Trend lag, denn alle jungen Mädchen meiner Altersgruppe hielten einen solchen Job damals für die Erfüllung aller Wünsche.

Leider entsprach mein Geschmack nicht dem des Inhabers, und alsbald war ich wieder gefeuert. Für diesen Tritt in den Hintern war ich ihm dankbar, denn nun hatte ich endgültig die Schwelle des Überdrusses erreicht, die es mir erlaubte, Europa den Rücken zu kehren. Einem Erdteil, der offensichtlich keine Nische für mich finden konnte. Außerdem hatte ich es satt, mich von Kriegen umgeben zu fühlen.

Die Medien berichteten täglich vom Vietnamkrieg. Sowjetische Truppen hatten die Tschechoslowakei besetzt. Grund genug, um ein Einreisevisum weit ab vom Schuß zu bitten. Als sowohl Australien als auch Südafrika anboten, mir die Reise zu bezahlen, da ich keine Ersparnisse hatte, entschied ich mich für Australien. Südafrikas Rassenprobleme ängstigten mich. Ich wollte nicht im Gefängnis landen, bloß weil ich mich in einen Schwarzen verliebt hatte (was gut passieren konnte, denn ich fand sie sehr erotisch). Von Australien wußte ich nichts, deshalb bot es sich als die ideale Lösung an.

Die Wartezeit auf mein Visum verbrachte ich damit,

krampfhaft nach einem Partner zu suchen, der meinen Abgang verhindern konnte.

Zuerst verfiel ich dem Altmännercharme eines fünfzigjährigen Schriftstellers, dessen Ähnlichkeit mit Arthur Miller frappierend war. Ich hatte ihn im Flughafenrestaurant aufgegabelt, wo ich arbeitete, weil ich schon vorab den Duft der großen, weiten Welt schnuppern wollte.

Phobos, wie ich ihn nannte, machte seine verstorbene Mutter für seine fehlende Potenz verantwortlich. »Mit ihrer immensen Eifersucht hat sie mich von allen Frauen ferngehalten.« Jede Entschuldigung ist besser als keine, dachte ich mir, was aber seinen Einminutensex auch nicht erträglicher machte. Dennoch war mein Wunsch, mir die Ellbogen an der großen Welt zu wetzen, größer als der körperliche Ekel vor ihm, und deshalb nahm ich seine Einladungen gern an.

Das brachte mich auf die Bune dreizehn, den Nacktbadestrand von Sylt, wo jeder vorgab, so nudistisch zu sein, daß man behauptete, all die nackten Körper überhaupt nicht zu sehen. Was jedoch niemanden daran hinderte, abends in der Kneipe meinen zu großen Hintern und meinen knackigen Busen zu diskutieren. Weder der Nordseestrand noch der Lago Maggiore konnten mich aber Phobos' miserablen Sex vergessen lassen, zudem er auch noch erwartete, daß ich ihn oral befriedigte, ohne daß er diesen Dienst erwidern wollte.

Doch dann lernte ich Deimos kennen, einen tschechischen Flüchtling, der gerade erst mit einem Rucksack in Deutschland angekommen war. Mit seinem schnellen, schwer zu verstehenden Kauderwelsch machte er mir auf der Stelle unmißverständlich klar, daß er fürderhin nicht mehr ohne mich zu leben bereit war. Sobald seine Papiere in Ordnung seien, würde er mich heiraten.

Seine offensichtliche Begeisterung für meine Person gab mir den nötigen Schub, die unbefriedigende Beziehung mit Phobos ohne Gewissensbisse zu beenden.

Deimos entsprach zwar auch nicht meinem Schönheitsideal, denn er war nicht größer als ich, hatte buschige, braune Haare und einen Bart, trug bei jedem Wind und Wetter braune Ledersandalen und Jeans, die verloren an ihm herunterhingen. Aber ich war froh, endlich jemanden gefunden zu haben, der genauso redselig war wie ich und zudem noch kochen konnte. So was hatte ich bei einem Mann noch nie erlebt. Nach unserem ersten Geschlechtsverkehr hatte ich allerdings nur noch einen Wunsch: so schnell wie möglich Tausende von Kilometern zwischen mich und ihn zu bringen. Heilfroh, den Flug nach Australien endlich antreten zu können, sagte ich ihm und Deutschland adieu.

★

In Sydney angekommen, wurde ich einer Gruppe von Immigranten zugeteilt, die kein bestimmtes Ziel hatten und auf die kostenlose Unterbringung durch die australische Regierung angewiesen waren. In diesem Moment bemitleidete ich mich selbst. Im Heim der Heilsarmee waren Unterprivilegierte und Geistesgestörte untergebracht, die uns hungrig auf die Teller starrten. Deshalb, und weil uns Deutschen die Angst, ohne Pension alt zu werden, in die Liege gelegt wird, sah ich mich veranlaßt, schon am nächsten Tag bei der Arbeitsvermittlung vorstellig zu werden. Zwei dünne Wolldecken waren nicht genug, um mich warm zu halten. Sydneys kalte Augustnächte, der Winter auf der südlichen Hemisphäre, sprachen meinem Wunsch hohn, in ein warmes Land gezogen zu sein. Vielleicht war es auch die hohe Luftfeuchtigkeit, die mir zu schaffen machte, jedenfalls begann ich sofort zu husten. Ich war heilfroh, als mir eine deutsche Emigrantin, die ich im Flugzeug kennengelernt hatte, anbot, mit ihr in ein möbliertes Zimmer zu ziehen. Zwei Wochen später hatte sie es aber satt, meinem ständigen Gehuste zuzuhören, und bat mich, wieder auszuziehen. Mein erster Wochenlohn, in einer Fabrik für Abendhandtaschen, ermöglichte den Umzug. Meine neue Behausung war ein möbliertes Zimmer auf dem Kings Cross, dem Vergnügungsviertel von Sydney. Ich wurde vor Dieben gewarnt und gebeten, die Balkontür immer geschlossen zu halten. Es waren aber nicht Diebe, sondern Flöhe, die mich plagten. Als ich eines Tages die Matratze umdrehte, sah ich eine Hundertschaft in Bereitschaft hocken. Später kamen Stubenfliegen hinzu, Moskitos, Küchenschaben und nachts riesige Motten, die gegen die Fensterscheibe prallten.

Als man mir kostenlos einen dreimonatigen Tageskurs in Englisch anbot, war ich froh, auf die Schulbank fliehen zu dürfen. Abends arbeitete ich in einer Hotelküche als Salatmacherin.

Schon in der ersten Unterrichtsstunde wurde ich von dem Sohn eines ungarischen Handelsattachés entdeckt. Ich nannte ihn Himero, was im griechischen Mythos Verlangen bedeutet. Als mich Himero mit seinen großen, dunklen Augen so intensiv anstarrte, daß ich anfing, mich für das siebte Weltwunder zu halten, war ich hin und weg. Ich fühlte mich geschmeichelt, denn man trifft ja nicht alle Tage den Sohn eines Konsulatsangestellten. Er sah zwar etwas gnomenhaft aus mit seinem großen, dunkelbraunen Lockenkopf, der im Verhältnis groß war für seinen kleinen, sehnigen Körper, aber das machte er wett, indem er von mir begeistert und clever war. Bald konnte auch ich mich des Gefühls nicht mehr erwehren, daß wir auf derselben Wellenlänge lagen. Ein Gefühl, das sich bei mir ausschließlich dann einstellt, wenn ich im Begriff bin, mich zu verlieben.

Himero war gerade mit einem polnischen Frachtschiff angekommen, nur mit Männern an Bord, und hatte sich sechs Wochen so gelangweilt, daß er sogar zum Arbeiten anheuerte. Da Langeweile und sexuelle Bedürfnisse immer Hand in Hand gehen, verspürte er jetzt großen Nachholbedarf. Zum Vollzug unseres ersten Geschlechtsaktes kam es aber erst nach sechs Wochen. Es war eine besonders warme Frühlingsnacht, und wir saßen bei geöffneter Balkontür auf dem Boden in meinem Zimmer und tranken Rotwein. Plötzlich überkam mich ein überschwengliches Glücksgefühl, daß ich ihn fragte, ob er Lust hätte, »to make love to me«. In Windeseile landeten wir verschlungen wie Yin und Yang auf der Matratze. Als er an mir runterging, war mir das beinahe peinlich, denn ich war so feucht, daß ich ihm nicht eingestehen wollte, wie sehr er mich erregt hatte (und ich von mir selber begeistert war).

Danach wurden wir unzertrennlich und verströmten einen so penetranten Sexgeruch, daß ich Angst hatte, die ganze Klasse käme uns auf die Schliche. Das Geheimnis war klein, aber im richtigen Verhältnis zu seinen Körpermaßen und hinreichend entwickelt. Deshalb ließen wir von da an keine Gelegenheit aus, uns stehend, liegend, sitzend oder unter der Dusche zu begatten. Wir konnten gar nicht genug voneinander kriegen. Er meinte, wir hätten es an einem Tag auf sechzehnmal gebracht, aber ich kam nur auf zehn. Trotzdem brachte auch er mich nicht zum Orgasmus. Gelegentlich stimulierte er mich zwar mit der Zunge, aber auch in dieser Stellung war ich zu sehr damit beschäftigt, ihm zu imponieren. Ich wälzte mich sexy hin und her, wie es in den Filmen immer gezeigt wird, obwohl mein Partner nur eine Chance hat, an der Klitoris zu bleiben, wenn ich stillhalte.

Himero war jedenfalls so beschäftigt mit mir, daß er sich weigerte, Wolle zu studieren, wie seine Familie es sich wünschte. Sein Wollstudium sollte den Einstieg in der Textilfirma, für die sein Vater in Ungarn arbeitete, erleichtern. Er zog es aber vor, gelegentlich als Kurier zu arbeiten. Damit verdiente er nicht nur Geld, denn er wollte mir nicht auf der Tasche liegen, was mich stolz machte, denn seine zehn Dollar Taschengeld pro Woche reichten höchstens für eine gelegentliche Tasse Kaffee, sondern konnte damit auch seiner ersten Leidenschaft frönen, dem Autofahren. Um ihn wieder auf die richtigen Geleise zurückzubringen, kaufte ihm seine reiche, kinderlose Tante, die eine Textilfabrik von ihrem Mann geerbt hatte und in einem geräumigen Apartment mit Ausblick auf den schönsten Hafen der Welt lebte, wie die Aussies den Hafen von Sydney nennen, einen Mini-Cooper.

Als die Schule zu Ende war, die ich dank seiner Einflüsterung mit Erfolg abgeschlossen hatte, gab ich meinen Abendjob wieder auf, um tagsüber als Bedienung zu arbeiten. Mit schöner Regelmäßigkeit flog ich jedoch aufgrund meiner rudimentären Sprach- und Servierkenntnisse immer wieder raus. Nach dem vierten Anlauf fand ich endlich ein altes, vergammeltes Hotel, in dem ein Alkoholiker als Koch beschäftigt war, der meine Dienste zu schätzen wußte. Da ich nur

Lunch und Dinner servierte, hatten Himero und ich mittags ausreichend Zeit füreinander.

Acht Wochen später schlug Himero vor, eine Reise nach Perth zu unternehmen, im Westen Australiens. Mir war's recht, obwohl wir gerade genügend Geld für das Benzin hatten, das wir für die dreitausend Kilometer benötigten, aber mein Job fing schon wieder an, mich zu langweilen. In Perth wollten wir uns dann als Obstpflücker das Geld für die Heimreise verdienen.

Ich kündigte mein Zimmer, brachte meine zwei Koffer zu Himeros Eltern, und zwei Tage später waren wir bereits on the road. Diesmal war ich es, die sich die Städte und die Sehenswürdigkeiten auf dem Weg gerne angesehen hätte. Aber Himero bekam den Fuß nicht mehr vom Gaspedal. Aus Angst, er könne hinter dem Steuer einschlafen, redete ich pausenlos auf ihn ein. Irgendwann übermannte mich aber die Müdigkeit, und ich streckte mich so gut wie möglich auf dem Rücksitz aus. Als ich aufwachte, waren wir bereits in der Wüste. Die flache Landschaft wurde nur ab und zu einmal durch eine kleine Anhöhe unterbrochen. Auf steinigem Geröll sonnten sich Eidechsen.

Soviel ungewohnte Weite gab mir das Gefühl von Frieden und Freiheit, und im Überschwang dieses Gefühls gab ich Himero den längsten Kuß seines (und auch meines) Lebens. Achtundvierzig Kilometer lang.

Nach drei Tagen und zwei Nächten mehr oder weniger ununterbrochenen Fahrens kamen wir in Perth an. Wir pflückten Zitronen von den Vorgärten und klauten die Milch, die allmorgendlich auf den Veranden der Häuser angeliefert wird.

Wir boten unsere Dienste in Hotels, Snackbars und Farmen an. Aber niemand hatte Verwendung für uns, und die Erntezeit hatte noch nicht begonnen. Die nächste Tankfüllung erbettelten wir auf einer Tankstelle. Der Mann lud uns ein, ein Bad bei ihm zu nehmen, und vermittelte mir auch einen Job als Autowäscherin.

Bei dreißig Grad Hitze möbelte ich Gebrauchtwagen so auf, daß sie als neu verkauft werden konnten. »Hierfür stelle ich nur Frauen ein«, sagte meine fette Chefin, »die sind gründlicher als die Jungs.« »Die Jungs« bekamen die groben Arbeiten zugeteilt, wurden dadurch schneller mit den Autos fertig und verdienten das Doppelte. Einen Tag später fand auch Himero einen Job in einem Teppichlagerhaus.

Wie sich herausstellte, war ich zäher als Himero, der sich eine Woche später beklagte, daß ihm das Heben der Teppiche starke Nierenschmerzen verursachte. Ich hingegen war durchaus bereit, mich weiterhin von Innentemperaturen bis zu vierzig Grad beim Autoputzen stressen zu lassen.

Als wir nach diesem eher ernüchternden Trip gen Westen wieder in Sydney eintrafen, arbeitete ich als Schreibkraft bei einer Versicherung. Das war weniger langweilig und anstrengend als Bedienen, genoß mehr Sozialprestige, war aber auch schlechter bezahlt.

Ein Jahr später teilten uns Himeros Eltern mit, daß sie vorzeitig nach Ungarn zurückreisen wollten. Bis meine zwei Jahre in Australien um waren, mußte ich noch ein halbes Jahr warten und konnte deshalb nicht weg. Himero überraschte mich jedoch mit der Mitteilung, daß er bei mir bleiben wollte, bis ich frei war, nach Europa zurückzukehren. »Das muß wahre Liebe sein«, flüsterte mir mein geschmeicheltes Ego zu, aber gleichzeitig fürchtete ich mich vor der Verantwortung, die ich in der Abwesenheit seiner Eltern für ihn würde übernehmen müssen.

Himero war es gewohnt, immer versorgt zu werden, und ich hatte keine Lust, zu kochen oder mein Leben durch andere Routinehandlungen versauern zu lassen, denn ich sah mich als Pionier und nicht als Hausfrau. Als ich meinen Unwillen äußerte, schlug er mir eine Reise quer durch den Kontinent vor. Damit sich unser Fiasko Perth nicht wiederholt, hielt er mich an, für diese Reise zu sparen.

Von nun an begleitete mich Himero an jedem Zahltag zur Bank, und es gelang mir, siebenhundert Dollar auf die hohe Kante zu legen. 1971 reichte das für einen sechswöchigen Trip durchs Land und obendrein noch für ein Flugticket nach Hause.

Wieder in Sydney angekommen, löste ich meinen kleinen Haushalt auf. Eine Woche später stiegen wir ins Flugzeug nach Europa. Himero begleitete mich nach München, um zu sehen, ob er in meiner Heimatstadt leben könnte. Daß er sich dort aber nur aufhalten wollte, um sich einen Volkswagen direkt von der Fabrik zu kaufen, konnte ich nicht wissen. Vierzehn Tage später wurde sein Wagen geliefert, und einige Stunden später war er schon auf dem Heimweg nach Budapest. Zu Himeros Abschied quetschte ich hinter der geschlossenen Wohnungstür noch ein paar Zornesträhnen heraus. Wie einen Hasen hatte er mich aus Australien weggelockt. Und nun setzte er sich mit den Worten ab, ich solle ihn in Ungarn besuchen kommen, sobald ich wieder das Geld dazu hatte.

Ich nahm den Faden dort wieder auf, wo ich ihn hatte fallenlassen und heuerte wieder bei meiner Kaufhauskette an, diesmal als Substitutin für Strümpfe, Handschuhe und Schirme in einer Filiale in München, die erst eröffnet werden sollte. Ich bekam diese Anstellung aber nur unter der Bedingung, daß ich die Ausbildung wiederholte. Drei Monate lang malochte ich in einem dreckigen Lagerhaus, wo es meine Aufgabe war, ankommende Ware auszuzeichnen.

In den ersten Tagen nach der Eröffnung gingen hunderttausend Paar billige Nylonstrümpfe über die Ladentheke, womit wir einen neuen Rekord erzielten. Als Belohnung für meinen Einsatz und den Umsatz wurde mir die Wollabteilung zusätzlich versprochen. Ich wollte nämlich auch modische Artikel in meinem Sortiment haben und nicht nur langweilige Strümpfe. Alles schien gut zu laufen. Ein Problem war nur der

Filialgeschäftsführer. Zu ihm wurde ich sechs Monate später gerufen. Im Vollbewußtsein meiner Stärke betrat ich sein Büro, um es kurz danach als gekündigt wieder zu verlassen. Er hatte mich für einen Vorfall zur Rechenschaft gezogen, bei dem ich, wie er sagte, gewagt hätte, seine Autorität zu unterminieren. Er war dafür gewesen, eine zusätzliche Kasse zu öffnen, um des Käuferandrangs Herr zu werden. Ich aber wollte nicht meine letzte Verkäuferin in der Kundenberatung verlieren. Ich machte dann einen Fehler und quittierte quasi aus eigenem Antrieb den Dienst. Aber auch das hatte sein Gutes.

Endlich hatte ich wieder Zeit, Himero zu besuchen, den ich vor lauter Streß schon fast vergessen hatte. Nach sechs Wochenenden, die ich einmal monatlich bei ihm in Budapest verbrachte, fühlte sich das gehetzte Wild genügend in die Enge getrieben, um um meine Hand anzuhalten.

Damit schienen sich alle meine Wünsche zu erfüllen, und jedenfalls gefiel mir seine spontane Entschlußfreudigkeit. In der Zwischenzeit hatten wir so viel Spaß miteinander gehabt, daß ich ans Heiraten fast nicht mehr gedacht hatte. Hand in Hand rannten wir zum Standesamt. Ausgerüstet mit einer eidesstattlichen Erklärung, daß seiner Verheiratung nichts im Wege stand, da er einen Arbeitsplatz hatte und ledig war, glaubte er den gesetzlichen Bestimmungen Genüge zu tun. Übersehen hatte er dabei nur, daß zum Heiraten zwei gehören und daß auch meine Urkunden benötigt wurden. Was er als spontane Heirat geplant hatte, denn er wollte hip und romantisch sein und seine Eltern vor vollendete Tatsachen stellen, wurde von den Behörden vereitelt. Jedenfalls mußten wir noch zwei Wochen warten, bis alle Formalitäten erledigt waren.

Ich konnte es mir nicht leisten, vierzehn Tage in Ungarn zu bleiben, und Himero hatte auch gar keine Zeit für mich. Also reiste ich nach Deutschland zurück. Als meine Mutter hörte, daß ich in ein kommunistisches Land ziehen wollte, wo ich für immer hinter dem Eisernen Vorhang verschwinden würde, bekam ich kalte Füße. Um mir Klarheit über meine Rechte zu verschaffen, schrieb ich an das ungarische Konsulat. Als man mir sagte, daß meine zu erwartenden Kinder, wenn sie im Land geboren werden würden, ungarische Staatsbürger seien, auch wenn ich die deutsche Staatsbürgerschaft beibehalten würde, bekam ich Angst, im Falle einer Scheidung meine Kinder zurücklassen zu müssen. Außerdem befürchtete ich, finanziell auf Himero oder seine Eltern angewiesen zu sein, da ich bisher zu faul gewesen war, die ungarische Sprache zu lernen. Himero hatte bereits meine Arbeitsmöglichkeiten eruiert und mir mitgeteilt, daß ich noch nicht einmal einen Job als Kindermädchen kriegen könnte. Ich verabscheute auch den Anblick all der mausgrauen, kleinen, uniform angezogenen ungarischen Frauen, die sich regelmäßig zum Kaffee im Hotel Cosmopolitan in Sydney trafen, denn Double

Bay ist fest in ungarischer Hand. Daß man in Ungarn aber die Äpfel per Stück und nicht pfundweise kaufte, brachte bei mir das Faß zum Überlaufen.

»Aus diesen Gründen halte ich es für ratsam, daß wir nicht heiraten«, schrieb ich ihm. Insgeheim hoffte ich natürlich, daß er mich vom Gegenteil überzeugen würde. Er reagierte aber ähnlich wie mein früherer Chef. Auch er nahm meine momentane Schwäche zum Anlaß, mir seine Bedenken mitzuteilen. Vermutlich sei ich durch den goldenen Westen so verwöhnt, daß ich das Leben im armen Ungarn nicht würde genießen können. Außerdem sei ich so attraktiv, daß er schon jetzt Angst habe, mich an einen anderen Mann zu verlieren.

Da keine spezielle Antenne dazu gehört, um zu registrieren, daß man ungewollt ist, lieferte er mit dieser Aussage den »Scheidungsgrund« und damit das Recht, die Schuld am Ende unserer Beziehung auf ihn zu schieben.

Vier Jahre später schrieb er mir, daß er geheiratet habe, was mich unangenehm berührte. Wie war es möglich, daß nicht ich als erste im Hafen der Ehe eingelaufen war, sondern er? Noch dazu mit einer nützlichen Frau, die wie er im Einkauf tätig war und ihm nach einer angemessenen Frist zwei hübsche Buben schenkte, wie ich sie gern gehabt hätte. Damals war ich noch überzeugt, daß Heirat eine Form von Belohnung für richtige Frauen ist. Damit lag ich gar nicht einmal falsch, denn die Eigenschaften, die einen solchen Zusammenschluß ermöglichen, sind typisch weiblich: Anpassungsbereitschaft und -fähigkeit.

Trotzdem blieben wir weitere zwanzig Jahre im Briefkontakt. Als er dann mit Frau, Kindern und seinem Vater Ungarn verließ, um sich in der Schweiz niederzulassen, wo sein Vater schon seit dreißig Jahren eine Geliebte hatte (was der wahre Grund war, weshalb seine Mutter Sydney damals so fluchtartig verlassen hatte), brauchte mich Himero als Bindeglied zum goldenen Westen nicht mehr. Zu dem Zeitpunkt war er mir auch nicht mehr dafür dankbar, daß er die deutsche Sprachprüfung kurz nach seiner Rückkehr mit gutem Erfolg abgeschlossen hatte.

Paradox, wie das Leben nun mal ist, wurden Jahre später alle Grenzen geöffnet. Das kommunistische System hatte auf einer Idee basiert, und Ideen können der Realität nie standhalten. Nach Himero fand ich keinen Mann mehr, mit dem ich guten Gewissens hätte Kinder zur Welt bringen können. Er kristallisierte sich im nachhinein als der Mann heraus, den ich hätte heiraten sollen.

★

Sechs Jahre waren ins Land gezogen, seit ich mit Poseidon aus dem Rennen gefallen war, mich mit Himero selbst disqualifiziert hatte, ohne all die anderen Männer zu erwähnen, die ich schnell wieder abgeschoben hatte. Meine gescheiterten Versuche, mich an den Mann zu bringen, hatten zur Folge, daß ich eine mögliche Kaufhauskarriere zweimal aufgegeben hatte, meine Emigration ein vorschnelles Ende nahm, woraus sich wiederum ergab, daß mein Selbstwertgefühl im Eimer war. Beständigkeit, wie sie mir von der Gesellschaft immer gepredigt und auch versprochen worden war, entzog sich mir, und ich fragte mich, ob ich denn tatsächlich so aus dem Rahmen fiel.

Meine Reaktion darauf war, nichts mehr ernst zu nehmen. Nun wollte ich ein bescheidenes Dasein am Rande der Gesellschaft fristen, um die verschiedenen verwirrenden Erfahrungen, die ich gemacht hatte, zu begreifen und zu vergessen. Vergnügen war mein Mittel und Weg dazu, denn ich war überzeugt davon, nicht zum Leiden geboren zu sein.

Die Münchner Unterwelt zog mich an, und sie schien tatsächlich ein guter Fluchtweg vor der Oberwelt zu sein, in der ich meine Nische nicht hatte finden können. Ich mauserte mich zu Persephone, zum Prinzeßchen des Halbseidenen.

Meine ersten Schritte in diese Richtung führten mich in eine Kneipe, die vorwiegend von schwarzen Amerikanern frequentiert wurde. Man spielte dort Gospel, Blues und Soul, die einzige Musik, die mich vom Stuhl reißen und zum Tanzen und Mitsingen bringen konnte. Aber es war weniger die Musik als die Schwarzen, von denen ich mich angezogen fühlte. Niemand tanzt besser als farbige Männer. Außerdem waren sie muskulöser gebaut als die unsportlichen Deutschen, die vor übertriebener Höflichkeit zuviel buckelten. Da waren mir die runden Wuschelköpfe der Schwarzen mit ihren blendendweißen Zähnen doch lieber. Ganz zu schweigen von ihren pantherhaften Bewegungen. Was immer sie anpackten, schienen sie besser zu machen als andere, und das kam in der Musik und im Sport besonders stark zum Ausdruck.

Aber mit von der Partie bei dieser speziellen Vorliebe war auch wieder mein Unbewußtes, der Kinderwunsch, ein hormoneller Drang, der mit jedem Jahr stärker wurde. Inzwischen war ich sechsundzwanzig, sah aus wie eine graue Maus, und deshalb war es besonders wichtig, einen schönen Partner zu finden, um ein halbwegs ansehnliches Baby zu bekommen. (Und es heißt ja immer, daß Schwarze so kinderlieb sind.)

Als ich das Tabarin, eine schummrige Kneipe in der Münchner Altstadt, betrat, hatte ich das Gefühl, daß hundert schwarze Augen mich anfunkelten. Es war kein ungutes, aber doch ein beängstigendes Gefühl des Ausgeliefertseins. Ich trug Jeans und Tennisschuhe, was auch signalisieren sollte: Vorsicht, Jungs! Ich suche keinen Kerl, will mich nur amüsieren. Nicht ganz ohne Schwierigkeiten schwang ich mich auf einen hohen Barhocker, der mir Souveränität garantieren sollte, und fühlte mich mit einem Glas Weißwein sicher genug, die Kneipe und das Publikum genauer in Augenschein zu nehmen.

Vorwiegend gemischte Paare bewegten sich rhythmisch und entspannt auf der Tanzfläche. Auch an den schäbigen Holztischen saßen vorwiegend Paare. Männer und Frauen, die ohne Begleitung da waren, standen dichtgedrängt an der Wand.

Als ein breitschultriger schwarzer Hüne mit schlanken Hüften auf mich zukam, der mich durch seine dunkle Sonnenbrille amüsiert betrachtete und mich dann fragte, ob er mir einen Drink spendieren dürfe, freute ich mich zwar, lehnte aber mit der schnippischen Bemerkung ab, ich sei sehr wohl selbst in der Lage, meine Getränke zu bezahlen. Er lobte meine guten Englischkenntnisse und hatte damit bei mir schon halb gewonnen. Hades hieß er, und als er mich zum Tanzen aufforderte, mußte er mich nicht zweimal bitten. Auf kleinster Fläche bewegte er sich so sexy, daß er mich damit auf Trab brachte. Ich versuchte mit Energie wettzumachen, was er an Rhythmus besaß, und obwohl ich mich wie eine wild gewordene Furie bewegte, entging mir nicht, daß er mich keinen Moment aus den Augen ließ. Das gefiel mir. Unter Weißen ist man gewöhnlich viel zuviel mit sich selbst beschäftigt, um noch einen Blick für den Tanzpartner zu haben.

Wir setzten uns an einen Tisch, und eine Stunde später kannte er meine ganze Lebensgeschichte, während ich so gut wie nichts von ihm wußte. Mir wäre nach Küssen zumute gewesen, aber dazu war mir Hades, wie ich ihn von nun an nannte, zu groß. Daß ich da im Moment nicht allzuviel verpaßte, stellte sich erst später heraus: Hades war nicht gerade ein begnadeter Küsser.

Seine Gelassenheit stand im krassen Gegensatz zu meinem Enthusiasmus für ihn. Ich fühlte mich von ihm nicht nur sexuell, sondern auch spirituell angezogen, denn für mich verkörperte er eine ganz neue Welt. Er schien so unkompliziert, daß er mich den jahrelangen Streß vergessen ließ, wo ich immer mit Leuten hatte Schritt halten müssen, die mir etwas voraus hatten. Mit seinem Tempo glaubte ich mithalten zu können, als er mir, offenbar stolz, erzählte, er wäre Chauffeur. Plötzlich kam mir mein Versagen in bezug auf Partnerschaft und Arbeit nicht mehr so schlimm vor.

Je weiter der Abend fortschritt, desto mehr schmolz meine Verbitterung dahin, und mich überkam ein Gefühl der allumfassenden Macht. Nicht umsonst wird Persephone die Mutter der Furien genannt. Das erlaubte es mir, mich ihm voll auszuliefern, als ich schaudernd vor Erregung um zwei Uhr in der Frühe Arm in Arm mit ihm das Tabarin verließ. Da war es schon keine Frage mehr, ob ich mit ihm nach Hause gehen wollte, obwohl ich immer noch nicht verstand, warum ein so gutaussehender Mann wie er mich überhaupt wollte. In weißen Kreisen hätte nur Aphro Zugriff auf so ein Prachtexemplar gehabt. Was ich nicht wissen konnte, war, daß für die Schwarzen Ausgehen identisch ist mit »Frauen aufreißen«. Da es der zerbrechliche Stolz eines schwarzen Mannes nicht zuläßt, das Ziel zu verpassen, sind sie im Zugriff auch viel entschiedener als ihre weißen Brüder, denen ich bisher immer eine gesonderte Aufforderung hatte zukommen lassen müssen, um sie überhaupt für mich zu interessieren.

Ich lebte nur fünf Minuten von der Kaserne entfernt, und diese fünf Minuten bestimmten mein Schicksal für die nächsten zweieinhalb Jahre. Denn meine Wohnung war günstiger gelegen als die seiner damaligen Freundin. Sei's drum. Für mich war es wieder einmal Liebe auf den ersten Blick, denn es verblüffte mich zum wiederholten Male, daß zwei Leute auf einmal exakt den gleichen Wunsch haben konnten.

Im Taxi kuschelte ich mich eng an Hades. Wir fuhren zu seinem Büro, da er momentan keinen Zugang zu seinem eigenen Zimmer hätte, wie er mir sagte. Es würde aber zu lange dauern, mir zu erklären, warum das so sei.

Als wir durch die düstere Kaserne fuhren und vor einer Garage anhielten, kamen mir Bedenken. Dieser Platz erschien mir geeignet, mich für immer vom Erdboden verschwinden zu lassen. Galant reichte mir Hades die Hand, um mir beim Aussteigen behilflich zu sein. Da ich nicht unhöflich erscheinen wollte, beschloß ich, meiner Neugierde nachzugeben, und folgte ihm zu einer schmalen Tür. Wir gingen durch einen langen, kahlen Gang zu einem spärlich eingerichteten Raum mit Blick auf eine Reihe von Toiletten. Als sich Hades mit den Worten »Ich muß mal eben pinkeln« zurückzog, überwältigte mich die Schäbigkeit meiner Umgebung. Ein eiserner Schrank, wie man ihn in den Umkleideräumen von öffentlichen Schwimmbädern findet, ein Tisch, auf dem eine Matratze lag, ein Stuhl davor, mehr nicht. So hatte ich mir unser romantisches Zusammensein nicht vorgestellt. Ich wollte den Rückzug antreten. An der Tür stellte ich zu meinem Entsetzen fest, daß sie abgeschlossen war. Während ich noch überlegte, was zu tun sei, hörte ich, daß Hades nach mir rief. Wohl oder übel ging ich zu ihm zurück. Er lächelte nur und zog sich aus. Einen so durchtrainierten Körper hatte ich noch nie gesehen. Sein stählerner Brustkorb und seine langen schlanken Flanken erinnerten mich an einen schwarzen Panther. Als er das kalte Neonlicht ausschaltete und nur noch der Mond sanft ins Zimmer schien, entkleidete ich mich auch. Mit Schwung hob er mich auf die Matratze und legte sich mit schöner Selbstverständlichkeit neben mich.

Eines seiner langen Beine plazierte er unter mir, das andere auf meinen Körper. Als seine schlanken, kräftigen Finger sanft über meinen Leib glitten, faszinierte mich der Kontrast seiner schwarzen Hand auf meiner weißen Haut. Ich fühlte mich beschützt und gut bei ihm aufgehoben. In der Seitenlage drang er rhythmisch und ohne Eile von hinten in mich ein. Er bewegte sich so unbeschwert, daß ich die Welt um mich herum vergaß und mich nur noch auf seinen Körper konzentrierte. Ganz anders als Himero, der immer mit schnellen, energischen Bewegungen seine Munition verschossen hatte, kämpfte Hades nicht gegen die Zeit. Er verströmte sich geruhsam, und für mich blieben alle Uhren stehen.

Ich hatte das Gefühl, noch nie so gut geliebt worden zu sein. Ich fühlte mich wie neu geboren, wie eine Jungfrau. Wir schliefen ein, und erst Stunden später wurde ich von der Kälte wieder geweckt. In der aufziehenden Morgendämmerung war die häßliche Umgebung plötzlich wieder da, und der Wunsch davonzulaufen wurde übermächtig.

Ich zog mich schnell an, und erst dann fiel mir wieder ein, daß die Tür ja verschlossen war. Ich entdeckte ein großes Schlüsselbund. Nach einem letzten Blick auf Hades, der entspannt wie ein Kind dalag und durch seine dunkle Haut komplett angezogen wirkte, rannte ich zur Tür. Nach einigen hektischen Versuchen hatte ich endlich den passenden Schlüssel gefunden und rannte, wie von Furien gejagt, durch die totenstille Kaserne, deren Schlagbaum erfreulicherweise unbesetzt war. Dann gab ich meinem Drang zu urinieren nach und erleichterte mich in einem Hauseingang. Zu Hause angekommen, beglückwünschte ich mich zu dem glücklichen Ausgang meines Abenteuers, nahm ein heißes Bad und schwor, Hades wiederzusehen.

Am folgenden Wochenende konnte ich es kaum erwarten und fand mich um acht Uhr abends pünktlich wieder im Tabarin ein. Zwei Stunden später hatte ich genug gesehen. Niemand sah so gut aus wie Hades. Endlich hatte er seinen großen Auftritt. Wie ein Kneipenwirt begrüßte er mit lässigen Handshakes alle Männer und Frauen auf dem Weg zu mir, während ich vor Eifersucht kochte und mir schwor, mich davonzuschleichen, wenn er einer der anderen Frauen den Vorzug geben würde. Als er sich endlich zu mir vorgearbeitet hatte, täuschte er Erstaunen vor, mich wiederzusehen, und drückte mir einen keuschen Kuß auf die Stirn. Nachdem ich ihn so sang- und klanglos verlassen hätte, habe er nicht mehr gehofft, mich wiederzusehen, sagte er.

Soviel zum Thema Wunschdenken, schoß mir durch den Kopf, als er sich im gleichen Atemzug dafür bedankte, daß ich ihn nicht bestohlen hatte, da sein gesamter Monatslohn offen im Schrank gelegen habe. Danach verlief dieser Abend wie der vorhergehende, nur mit dem Unterschied, daß ich ihn danach zu mir nach Hause einlud. Ein Angebot, das er, wie mir schien, dankbar annahm.

Am nächsten Morgen brachte ich ihm das Frühstück ans Bett, und als er treuherzig, aber auch ein bißchen schuldbewußt zu mir aufschaute und sagte, daß er dies alles gar nicht verdiene, war ich überglücklich. Was ich nicht wissen konnte: Er verschwieg mir seine Freundin. Daher das schlechte Gewissen. Das erfuhr ich erst nach zweieinhalb Jahren, als sie mich anrief und von ihrer Existenz unterrichtete.

Aber jetzt war ich erst einmal stolz und zufrieden und sonnte mich in karitativen Gefühlen. Ich war gern die Gebende. Auch sein Hinweis darauf, eine Exfreundin habe ihn mit der Polizei aus der Wohnung werfen lassen, machte keinerlei Eindruck auf mich. Ich hörte nur, was ich hören wollte, denn der Wunsch, einen Partner zu finden, war stark. Ich bemitleidete ihn sogar, als er mir erzählte, daß ihm der Rausschmiß beinahe das Herz gebrochen habe, da er sie doch so geliebt habe. In seiner Verzweiflung hätte er sogar Selbstmord durch Ertrinken erwogen, da er nicht schwimmen konnte. Aber als er sich über das Brückengeländer lehnte, erinnerte er sich daran, daß er in der McGraw-Kaserne einen Bekannten hatte, und sei daraufhin per Anhalter nach München gefahren. Daß er bei dieser Gelegenheit dem Fahrer die Geldbörse gestohlen hatte, täte ihm noch heute leid. Von da an sei es ihm immer wichtig gewesen, regelmäßig zu arbeiten, da er sich nie wieder in eine solche Abhängigkeit begeben wollte. Man kann also nicht sagen, daß ich nicht vorgewarnt war.

Das folgende Jahr verbrachten wir in schönster Harmonie und spielten »Haushalt«, wie ich es mir immer gewünscht hatte. Ein-, zweimal die Woche gingen wir aus und kamen erst in den frühen Morgenstunden heim. Aller Augen waren auf uns gerichtet, denn er war groß und ich viel zu ordentlich und elegant angezogen für die schmierigen Kneipen, in denen wir verkehrten. Nachdem er getrunken hatte, liebten wir uns, denn im Gegensatz zu den meisten Männern würde bei ihm die Potenz durch Alkohol sogar größer, wie er mir versicherte. Woran ich nicht einmal zweifelte, denn er nahm mich mit ungeheurer Intensität.

Wenn wir gemeinsam ein Bad nahmen, erstaunte es mich jedoch, daß er bei meinem nackten Anblick nie eine Erektion bekam. In Anbetracht des regelmäßigen Sexes, den er bekam, war es aber im Grunde nicht weiter verwunderlich. Wie ein gutgeölter Roboter bekam er erst im Bett einen Ständer, wenn er zur Sache kam. Sexuell befriedigt, weil mich seine Anwesenheit immer so angenehm erotisierte und sein Sex auch erschöpfte, hatte ich dennoch immer noch keinen Orgasmus. Die Jungfrauenstellung war seine einzige Position, da es ihm an Experimentierfreude fehlte. Meine halbherzigen Versuche, ihn oral zu befriedigen, lehnte er mit der Bemerkung ab, daß seine Mutter das als unhygienisch empfand und ihn immer davor gewarnt hatte.

Was mir ganz recht war, denn ich war meinerseits nicht allzu scharf darauf, ihn zu bedienen. Trotzdem fühlte ich mich mit ihm pudelwohl, weil er mir gestattete, ganz ich selbst zu sein. Er hatte nichts dagegen, wenn ich mich gehenließ und die meiste Zeit im Morgenrock herumlief. So eine entspannte Atmosphäre entsprach meiner Wunsch- und Klischeevorstellung von einem schwarzen Haushalt, wo eine dicke Mama immer um den Herd herumwuselt. Ich hätte immer gern so eine Mama gehabt und wäre gern auch selbst eine geworden, auch wenn ich an meiner Hautfarbe nichts ändern konnte. Aber bekanntlich schlummert ja in jeder dünnen Frau eine dicke, die zum Vorschein kommen möchte.

Wir sahen viel gemeinsam fern, obwohl er nach dreizehn Jahren in Deutschland immer noch keinen deutschen Satz sprach. Manchmal würzten wir unseren geruhsamen Alltag, indem wir in ein amerikanisches Kino gingen und uns einen Horrorfilm ansahen. Unsere Unterhaltungen entzückten mich, denn sein Englisch, versetzt mit seinem schwarzen Slang, ließ alles Gesagte soviel netter klingen. Während ich ihm vom täglichen Geschehen in meiner Schule berichtete, die ich genoß, da ich das Wirtschaftsleben lieber von der Schulbank aus studierte, amüsierte mich Hades mit den Gerüchten, die in der Kaserne kursierten. Gewöhnlich hatte ein Partner den anderen betrogen und war von ihm vertrimmt worden. Eine Zeitlang versuchte ich sogar mit meinen nichtvorhandenen Kochkünsten zu brillieren. Ich stellte dieses aber schnell wieder ein, als ich bemerkte, daß er genau wie ich am liebsten Nudeln mit Würstchen aß. Das bereitete er sich sogar selbst zu und wusch hinterher ab. Verwöhnt wurde ich außerdem mit Süßigkeiten, die er dosenweise aus dem PX anschleppte und die ich nicht mochte, oder mit Kleenextaschentüchern für danach.

Außerdem ließ er es sich nicht nehmen, für mich zu bezahlen, wenn wir zusammen ausgingen.

Soviel »Trautes heim, Glück allein« erlaubte es mir, meine weibliche Seite wieder etwas zu kultivieren. Ich verdeckte meine hohe Stirn mit Fransen und ließ mir die Haare glatt und schulterlang wachsen. Ich gefiel mir so, aber meine Familie hielt mich mit langen Haaren für eine altbackene Landpomeranze. Meine Kleidung wurde nun auch etwas verspielter, obwohl ich immer noch zumeist Hosen trug. Diese waren aber jetzt Markenartikel und wurden mit bunten, niedlichen Tops und eleganten, halbhohen Schuhen ergänzt. Eines Tages überraschte mich Hades mit einem Kanarienvogel. Obwohl ich eingesperrte Tiere nicht mag, freute ich mich über die Geste, die ich für ein Symbol der Langlebigkeit unserer Beziehung hielt. Ein halbes Jahr später suchte der Vogel wieder das Weite, und das war ungefähr der Zeitpunkt, zu dem der häusliche Friede bei uns anfing, schief zu hängen. Mit schöner Regelmäßigkeit machte mir der Hades nun Szenen, wenn ein anderer Mann es wagte, mich im Tabarin anzusehen. Was ihn jedoch nicht davon abhielt, mit anderen Frauen zu tanzen. Ganz speziell mit einem jungen Mädchen, dessen Haare bis zum Hintern wallten und in das er beim Tanzen schier reinschlüpfte.

Gleich zu Beginn hatte ich ihm in vollem Ernst angekündigt, daß ich unsere Beziehung sofort abbrechen würde, wenn ich herausbekäme, daß er sich mit anderen Frauen amüsierte. Außerdem hatte ich unsere ewige Sauferei und Ausgeherei auch schon satt. Ich bat Hades deshalb, alleine auszugehen, denn wann immer ich nun einen über den Durst getrunken hatte, wurde ich depressiv. Einmal drohte ich ihm sogar, mich vom Balkon zu stürzen, wenn er mich immer vor anderen runterputzte oder zum Heulen brachte. Mit Schwung öffnete Hades daraufhin die Balkontür und bat mich mit einer leichten Verbeugung, meinem Wunsch doch nachzugeben. Danach machte er mir seine Aufwartung nur noch in unregelmäßigen Abständen. Das wäre mir vermutlich gar nicht aufgefallen, hätte ich mich nicht sexuell unbefriedigt gefühlt. Ich wußte, daß er inzwischen eine Wohnung in der Kaserne bekommen hatte, die er mit einem weißen Soldaten teilte. Da mir bisher nichts abgegangen war und ich nur meinem eigenen Leben Wichtigkeit beigemessen hatte, war mein Interesse hierfür auch gering. Deshalb wußte ich nun auch nicht, ob er mir seine Adresse mutwillig vorenthalten hatte. Gelegentliche Stippvisiten in dem amerikanischen Social Club konfrontierten mich aber immer mit einem hocherfreuten Hades, der nie in weiblicher Begleitung war. Warum er mich nicht besuchte, wenn er mich doch so sehr vermißte, konnte ich mir allerdings nicht erklären. Vielleicht, so dachte ich, hatte seine Abwesenheit etwas damit zu tun, daß er ein Gesellschaftstrinker war, um seine eigenen Worte zu benutzen. Punkt sechs Uhr am Abend, sofort nach Arbeitsschluß, begann er immer Bier zu trinken, acht bis zehn große Gläser am Abend waren sein Durchschnitt. Da er aber nie schwankte oder seine Worte schlurrten, entging mir, daß er im Begriff war, Alkoholiker zu werden.

Als Hades mich zu einer Stripteaseshow in ein amerikanisches Hotel am anderen Ende der Stadt einlud, war ich begeistert.

Fasziniert beobachtete ich, was sich auf der Bühne abspielte, und bemerkte gar nicht, daß Hades während der Vorführung verschwand. Fünfzehn Minuten später registrierte ich zum ersten Mal seine Abwesenheit, vermutete aber, daß er auf der Toilette war, und bat erst weitere fünfzehn Minuten später einen Fremden, dort nachzusehen. Als das Ergebnis negativ war, wurde mir endlich klar, daß er sich abgesetzt hatte.

Da stand ich nun, am anderen Ende der Stadt ohne einen Pfennig Geld. Aber zu Hause hatte ich noch ein paar Mark und rief ein Taxi. Nach einer Stunde hörte ich Hades hereinkommen. Ein mörderischer Streit begann, als ich ihn rausschmeißen wollte. Er verpaßte mir einige saftige Ohrfeigen. Vor Schreck erstarrt, denn in unserem Weiberhaushalt waren wir selten handgreiflich geworden, konnte ich zunächst nicht reagieren. Flehentlich bat ich ihn dann, doch damit aufzuhören, aber er schlug voller Wut zu. Während ich gekrümmt auf dem Boden lag, trat er mir mit aller Macht in den Bauch und warf mich dann brutal aufs Bett.

Am nächsten Tag war Samstag, und es war ziemlich sinnlos, an Flucht zu denken, da mich Hades nicht aus den Augen ließ. Er entschuldigte sich zwar nicht, kochte aber für uns beide Spinat mit hübsch drapierten hartgekochten Eiern. Ich dankte meinem Peiniger für alles, was er für mich tat, und war sogar froh, daß er keinen Sex von mir verlangte. Als er mich am Montag morgen verließ, hatte ich mich selbst längst davon überzeugt, daß Hades im Prinzip recht daran getan hatte, mich zu verprügeln. Ich hatte ihn der Türe verwiesen und mithin seine Liebe verraten. Von nun an aber wollte ich ihm beweisen, was wahre Liebe ist. Als Frau soll man dem Mann ja untertan sein, hatte man mir eingetrichtert. In der Zukunft mußte ich halt etwas vorsichtiger sein, um seinen Zorn nicht herauszufordern.

Aber so heroisch, wie ich mich nach außen gab, fühlte ich mich innerlich nicht. Von nun an paßte ich genau auf, was ich ihm sagen konnte, und das machte mich in kürzester Zeit sauer. Und er tanzte mir gleich wieder auf der Nase herum. Ich bat ihn, doch bei sich zu Hause zu schlafen, wenn er allein ausging, worauf er antwortete: »You wouldn't refuse your old man a bit of sugar, honey?« Das erinnerte mich unangenehm an Poseidon, der auf Kritik auch immer mit einer mitleiderregenden Altmännernummer reagiert hatte.

Da unsere Beziehung bisher so symbiotisch war, hatte ich alle meine Freunde für entbehrlich gehalten. Ich war sogar überzeugt, nach meinem Australientrip gar keine Freunde mehr zu haben. Und nachdem man mir beigebracht hatte, daß die Idealform einer Liebesbeziehung »Ein-Mann-Frauen« seien, was durchaus meiner gründlichen Natur entsprach, dachte ich mir auch gar nichts dabei, keine Freunde mehr zu haben. Als sich aber überraschend eine Mitschülerin selbst zum Kaffee bei mir einlud, fühlte ich mich so gestärkt durch ihre Anwesenheit, daß ich die Gelegenheit beim Schopf packte, um festzustellen, wer in meinem Haus nun die Hosen anhatte. Als sie die letzte Tram verpaßte, beschloß ich, sie in unserem Bett schlafen zu lassen, während ich mich auf die Couch legte. Ein klares Signal für Hades, daß er unerwünscht war.

Vorsichtshalber warnte ich meine Bekannte, daß Hades deswegen vermutlich Stunk machen würde, sollte er auf einen seiner unregelmäßigen Besuche kommen. Da sie noch nie von einem Mann verprügelt worden war, verstand sie meine Furcht nicht, und tat meine Ängste als nebensächlich ab.

Punkt zwei Uhr in der Frühe hörte ich, wie Hades die Tür öffnete. Wie erwartet, ärgerte er sich darüber, daß man ihm sein Bett weggenommen hatte, und rächte sich, indem er mich zwang, mit ihm durch die kalte Nacht zu pilgern. Wie eine durchgedrehte Schallplatte wollte er auf dem Weg zu seinem Zimmer immer wieder wissen, weshalb ich sein Bett »einer Fremden« überlassen hatte. Dann legte er meinen Wohnungsschlüssel auf seinen Nachttisch und sagte, daß ich mich frei fühlen sollte, ihn an mich zu nehmen. An seinem Ton war klar zu erkennen, daß ich diesen Schritt bereuen würde. Deshalb mußte ich ihm zwei weitere Stunden lang versichern, daß ich nicht daran interessiert sei, bis er endlich einschlief und kurz danach auch ich.

Als ich vor ihm aufwachte, ergriff ich den Schlüssel und rannte, so schnell mich meine Füße trugen, nach Hause. Dort machte ich das Frühstück für meine Bekannte und mich und brachte sie dann zur Bahn.

Beim Nachhausekommen schloß ich die Wohnungstür auf und seufzte vor Erleichterung, als ich Hades Schuhe säuberlich nebeneinander in der Diele stehen sah. Im Wohnzimmer starrte Hades tiefsinnig auf das Frühstücksgeschirr. Als er sich mit einem Lächeln zu mir umdrehte und mich fragte, ob wir unser Frühstück genossen hätten, dachte ich mir nichts dabei. Auch fiel mir nicht auf, daß er ohne einen extra angefertigten Schlüssel erst gar nicht in meine Wohnung hätte kommen können.

Plötzlich schubste er mit dem Fuß den Tisch um und beförderte das Geschirr krachend auf den Boden. Wie ein hypnotisierter Hase stand ich da, und er benutzte diese Schrecksekunde, um zwischen mich und die Wohnungstür zu treten. An Flucht war nun nicht mehr zu denken. Er erwischte mich an meiner Pelzjacke und riß sie mir vom Leib. Er drängte mich an die Wand und ohrfeigte mich mit seinen harten Händen, die ehemals so zart über meinen Körper geglitten waren, bis mein Kopf gegen die Wand knallte und meine Nase zu bluten begann. Zwischendurch schrie er mich an, daß ich ihm seinen Schlüssel wiedergeben sollte. Ein Blick genügte mir, um zu wissen, daß er die Kontrolle über sich verloren hatte und Mordgedanken hegte. Deshalb schrie ich zurück: »Yes, I do.«

»Hol ihn«, schrie Hades zurück, wie man einem Hund einen Befehl gibt.

Statt zum Schrank rannte ich zur Tür, riß sie auf und lief, laut um Hilfe schreiend, die Treppe hinunter. Unter den gegebenen Umständen erschien es mir nicht ratsam, auf den Aufzug zu warten. Ich klingelte an verschiedenen Türen, ohne große Hoffnung, daß jemand öffnen würde, da meine Mitbewohner zumeist alt und ängstlich waren. Obwohl ich mich für mein zerschundenes Aussehen schämte, lief ich zur Tankstelle um die Ecke und bat, die Polizei zu rufen.

Die Polizei kam zwanzig Minuten zu spät, denn zu diesem Zeitpunkt hatte Hades bereits alle Indizien entfernt. Das zerbrochene Geschirr lag im Abfall, und er hatte sich vom Tatort entfernt. Meinen Schlüssel hatte er höflich außen in der Tür steckenlassen, damit ich wieder hineinkonnte. Ganz offensichtlich hatte er Übung in solchen Dingen.

Es sei sinnlos, teilten mir die Beamten mit, ihn anzuzeigen, denn danach sei ihm vermutlich noch eher danach zumute, mich zu verdreschen. Was sie dachten, brauchten sie gar nicht auszusprechen. Pack schlägt sich, Pack verträgt sich. Und damit hatten sie nicht einmal unrecht.

Trotzdem hätte ich den Ratschlag der Polizei ignorieren sollen, denn es stellte sich heraus, daß Hades auch alle anderen Frauen vertrimmt hatte, die es gewagt hatten, nein zu ihm zu sagen. Hätten ihn alle angezeigt, wäre er schon längst des Landes verwiesen worden, und ich hätte ihn erst gar nicht kennengelernt. Aber ohne ihn hätte ich vermutlich die schwerste Lektion meines Lebens nicht gelernt: daß ich nicht Gott bin und mir die Stärke fehlte, Menschen zu verändern.

Ich bat den Hausmeister, mir ein neues Türschloß einzubauen, und verbarrikadierte mich dann für die nächsten acht Wochen in meiner Wohnung.

Weshalb ich zu diesem Zeitpunkt stark an Gewicht verlor und es von fünfundfünfzig Kilo auf mein Idealgewicht von einem halben Zentner brachte, ist mir heute noch nicht ganz klar. Ich vermute aber, daß ich Eindruck auf ihn machen wollte für den Fall, daß er mich auf der Straße zufällig sah. Mein hilfloses Aussehen sollte ihm Schuldgefühle vermitteln. Schöne, dünne, biegsame Mädchen sind doch viel leichter zu manipulieren als gestandene Frauen, und ich wollte doch so gerne ein kleines, williges Frauchen sein, um endlich eine Familie gründen zu können.

Meine ständigen Hochs und Tiefs in bezug auf Hades hatten mich natürlich auch an ihn gebunden. Jede Emotion ist ja besser als die Eintönigkeit, die einem das Gefühl gibt, überhaupt nicht zu existieren.

Unter dem Vorwand, ihn von seinen Schuldgefühlen mir gegenüber befreien zu müssen, meinte ich ihn anrufen zu sollen. Dazu holte ich mir Rückendeckung von der Telefonseelsorge. Dort vermutete ich berufsmäßige Vergeber, die darauf getrimmt waren, Absolution zu erteilen. Ich wurde auch nicht enttäuscht. Selbstverständlich solle ich ihm vergeben, denn niemand sei ganz schlecht. Also rief ich Hades an und gab ihm meinen Segen, auch wenn er mich nicht darum gebeten hatte. Er hatte genügend Kenntnisse von Frauen, um zu wissen, was nun von ihm erwartet wurde. »Vor lauter Schuldgefühlen«, sagte er, »habe ich sogar angefangen, die Bibel zu lesen. Und jetzt habe ich nur noch den einen Wunsch, dich noch einmal zu sehen.« Da ich das auch wollte, aber immer noch Angst hatte, log ich ihm vor, daß ich umgezogen sei und lieber bei ihm vorbeikäme.

Als ich aus dem Taxi stieg, stand er mit einer Flasche Bier in der Hand bereits im Treppenflur. Er hatte sich einen Bart wachsen lassen und schaute wild aus, zumal ein paar graue Haare seinen Bart durchzogen. Sein genaues Alter hatte er mir nie verraten, sondern nur immer gewitzelt, daß er forever achtzehn sei. Plötzlich fand ich ihn häßlich, und ich konnte gar nicht mehr verstehen, was ich einmal in ihm gesehen hatte. Dennoch folgte ich ihm auf sein Zimmer, wo mir der vertraute Geruch von Woodsy Owl entgegenschlug, einem amerikanischen Luftverbesserer, der mich an unsere guten Zeiten erinnerte. Hades zeigte auf die Bibel auf seinem Nachttisch, das Zeugnis seiner Umkehr. Zwischen den Seiten als Lesezeichen ein langes Frauenhaar. Er konnte sich gar nicht erklären, wie es in dieses Buch gekommen war. Und die Ohrstecker auf dem Sockel der Nachttischlampe? Ohne mit der Wimper zu zucken sagte er: »Die trage ich manchmal.« Nachdem wir uns eine Weile bestätigt hatten, wie sehr wir einander vermißt hatten, nahm er mich in die Arme.

Ich genoß unsere Wiedervereinigung und blieb über Nacht. Nur einmal wurden wir durch einen Telefonanruf gestört, den er kurz beantwortete. Am nächsten Morgen ließ mich mein Glücksgefühl alle Bedenken vergessen und glauben, daß alles wie vorher war. Einen Tag später erhielt ich jenen Anruf seiner Freundin. Sie beschwerte sich bei mir, daß sie die letzten acht Wochen so glücklich mit ihm gewesen sei und gehofft hatte, daß ich nun für immer aus ihrem Leben verschwunden sei. Daraufhin gab ich ihr mein Wort, von nun an die Finger von Hades zu lassen, und hielt mich auch daran.

Erleichtert, daß ein weiterer Kreis von Liebe und Haß vollendet war, hatte ich endlich die Stärke, mich von Hades zu trennen. Solange ich nichts von seinen anderen Affären gewußt hatte, war die Balance in unserer Beziehung nur ein wenig in seine Richtung gegangen. Nun war das Pendel ganz zu seinen Gunsten geschwungen, denn während ich gelitten hatte, hatte er sich vergnügt und seine Macht über mich genossen.

Ich freundete mich mit meiner Leidensgenossin an,

und als sie sechs Monate später Hades verließ, um nach Amerika zurückzugehen, war ich erstaunt, daß sie ihn nicht heiraten wollte. Als Südstaaten-Weißer sei ihr das gar nicht in den Sinn gekommen.

★

Inzwischen war ich achtundzwanzig. Torschlußpanik gab mir einen Zukunftsplan ein: Wieder einmal ging ich auf Partnersuche. Gemeinsam mit ihm wollte ich dann über die gemeinsame Zukunft entscheiden. Die biologische Uhr tickte.

Da ich nicht mehr in meine alten Kneipen gehen wollte, die von Hades besucht wurden, ging ich diesmal in eine Gaststätte, die überwiegend von schwarzen Afrikanern frequentiert wurde. Eine Liveband spielte Reggae.

Nach meinem dritten Besuch dort machte ich die Bekanntschaft eines scheuen jungen Schwarzafrikaners, der so höflich war, daß ich meine Angst vor Männern vergaß und ihn mit nach Hause nahm. Er war nur einen Kopf größer als ich, untersetzt, aber muskulös, und ein riesiger Wuschelkopf umrahmte das freundlichste runde Gesicht, das man sich vorstellen konnte. Er nannte sich Ajax, weil sein afrikanischer Name für Deutsche unaussprechbar war.

In unserer ersten Nacht sprachen wir lediglich miteinander, da er ein wundervoller Unterhalter war, voller Ideen, witzig und belesen. Er wollte Politik studieren und Präsident von Nigeria werden. Ich sah mich schon als afrikanische Evita Perón.

Bob hatte keine Aufenthaltsgenehmigung. Das sagte er mir aber vorsichtshalber nicht, denn er hatte Angst, daß ich ihn bei den deutschen Behörden anzeigen würde. Er verdiente sich sein Geld als Gelegenheitsarbeiter, wann immer ein Arbeitgeber willens war, ihn ohne Steuerkarte arbeiten zu lassen. Im Überschwang meiner guten Gefühle für ihn entging mir, daß er in mir eher einen Kumpel sah oder seine Vermieterin. Das fiel mir erst etliche Monate später auf, als er mir immer öfter beteuerte, daß sein Studium für ihn wichtiger sei als ich. In der Zwischenzeit hatte er genügend Geld gespart, um das Goethe-Institut zu besuchen, wo er seine guten Deutschkenntnisse noch verbessern wollte. Gelegentlich erzählte er mir auch von hübschen jungen Mädchen, mit denen er gesprochen hatte.

Bob beschrieb Afrika in so bunten Farben, daß ich Lust bekam, eine Weile dort zu leben. Deshalb bewarb ich mich als Entwicklungshelferin. In Afrika, erfuhr ich im Vorstellungsgespräch, könne man mir lediglich den Job einer Sekretärin für einen katholischen Priester anbieten. Als ich mir vorzustellen versuchte, wie die Mitglieder dieser Kirche mich empfangen würden, wenn ich im Minirock würdevoll die Kollekte herumreichte, nahm ich meine zukünftige Berufung selbst nicht mehr recht ernst. Über den abschlägigen

Bescheid war ich deshalb weder sonderlich überrascht noch traurig.

Mit der Zeit wurde es allerdings immer offensichtlicher, daß Ajax' Gefühle in keinem Verhältnis standen zu dem, was ich alles für ihn tat. Während ich ihn verköstigte, kleidete, kostenlos bei mir wohnen ließ und ihn voll in mein Leben einschloß, beschränkte er sich darauf, ein lustiger und verträglicher Bursche zu sein. Um die Balance in unserer Beziehung wiederherzustellen, bat ich ihn ein halbes Jahr später, wieder auszuziehen. Ich konnte mir diesbezüglich nachgeben, da Ajax gerade eine Stellung als Hausboy bei einer wohlhabenden Familie bekommen hatte.

Wie gewöhnlich blieb ich nur zwei Wochen dem Vorsatz treu, ohne Männer zu leben. Dann schämte ich mich, Ajax ohne rechten Grund vor die Tür gesetzt zu haben. Ich bat ihn, doch wieder zu mir zurückzukommen, da ich mich einsam fühlte. Beglückt nahm er meinen Vorschlag an, denn sobald das Ehepaar festgestellt hatte, daß er finanziell total von ihnen abhing, reduzierten sie sein Gehalt, ließen ihn härter arbeiten und waren dann immer noch nicht mit seinen Leistungen zufrieden.

Unsere Affäre kam zu einem Ende, als er urlaubshalber über Weihnachten nach England fahren wollte und bei dieser Gelegenheit herauskam, daß er keine Aufenthaltsgenehmigung besaß. Nach einigen Monaten Gefängnis wurde er abgeschoben.

Nachdem Ajax durch behördliche Einflußnahme

mein Leben verlassen hatte, mußte ich erneut auf Partnersuche gehen. Überzeugt davon, bisher bei der Auswahl von Männern sehr wählerisch gewesen zu sein, da ich mich unter den gegebenen Umständen immer für den bestaussehenden Mann entschieden hatte, stand ich plötzlich vor einem neuen Problem: Eine neue Generation von aufregend gutaussehenden Zwanzigjährigen besetzte nun die Szene, die ich bisher für mein Terrain gehalten hatte, während ich stark auf die Dreißiger zuging. Da die Jungs nun nicht mehr so schnell auf meine Winke reagierten, fühlte ich mich alt. Als es mir im amerikanischen Club endlich gelang, die Aufmerksamkeit eines jungen Studs auf mich zu lenken, der mit seinem großen Hut wie ein Cowboy aussah, beglückwünschte ich mich selber zu meinem Fang. Seine verbalen Einlassungen waren zwar bescheiden, aber ich hoffte, daß er das anderweitig wieder wettmachen würde.

Unsere erste Nacht verbrachten wir in seinem Armeequartier auf einem altmodischen Holzbett mit einer zu hohen Matratze. Einige Paare Pumps standen an der Wand. Ich sollte ihnen aber keine Bedeutung beimessen. Seine Freundin habe ihn gerade verlassen und würde bald ihre Sachen abholen. Das widersprach zwar allem, was er bislang gesagt hatte, daß er nämlich gerade erst in der Stadt angekommen sei und noch niemanden kannte, aber inzwischen hatte ich gelernt, in Sachen Sex und/oder Liebe den Verstand auszuschalten. Sonst wäre ich nie in irgendeinem Bett gelandet. Am folgenden Abend lud ich ihn zu mir nach Hause ein. Als er mitten im Sex von mir runtersprang und sagte, daß ich offensichtlich nicht genug kriegen könnte, er aber keine Lust hätte, weiterzumachen, da er am nächsten Morgen früh arbeiten müsse, bemerkte ich erst, wie wenig Gefühl er für mich hatte. Ich fühlte mich unfair behandelt, da ich keine besonderen Erwartungen in bezug auf seine sexuellen Leistungen hatte, ich sowieso nicht zum Orgasmus kommen konnte. Ich ließ immer meinen Partner entscheiden, wann Schluß mit dem Sex war, und dieser Zeitpunkt kam gewöhnlich nach seinem Samenerguß. Sein Vorwurf erschien mir deshalb taktlos, und ich beschloß, ihn nicht mehr zu sehen.

Danach hatte ich ernsthafte Befürchtungen, daß ich keine Anziehungskraft mehr auf die großen Jungs hatte, die glamourös und hüftenschwenkend im Scheinwerferlicht standen. Den einzigen großgewachsenen Mann im amerikanischen Club, der mir Aufmerksamkeit zollte, ohne mich als Kumpel zu sehen, da ich bereits zum Inventar gehörte, hatte ich bisher immer sorgfältig vermieden. Er war bekannt dafür, alle Frauen zu vernaschen, deren er habhaft werden konnte. Das Nachtleben stand ihm auch schon ins Gesicht geschrieben. Er hatte tiefe Schatten unter den Augen und machte den Eindruck, vor seiner Zeit gealtert zu sein, obwohl er erst fünfunddreißig Jahre alt war.

Als er sein Glas erhob, um mir zuzuprosten, und mir mit Blicken zu verstehen gab, daß er an mir interessiert war, ließ ich mich einige Drinks und etliche eng getanzte Tänze später von ihm zu seiner Wohnung bringen. Ich war angenehm überrascht, daß er ein eigenes Apartment und ein Auto hatte. Aber meine Hoffnungen auf ein geregeltes Leben wurden schnell wieder zerstört, als wir sein beinahe leeres Apartment betraten. Lediglich eine große Musikanlage und viele lose verstreute Schallplatten lagen auf dem Boden. »Er sei im Begriff, rausgeschmissen zu werden«, sagte er mir, »da er seine Miete nicht bezahlen konnte.«

Dionysos war Sänger und hatte in besseren Zeiten seine eigene Band gehabt. Nun reichten seine gelegentlichen Auftritte nur schwer zum Überleben. Weil er mir leid tat, lieh ich ihm das Geld für etliche Monatsmieten. Aber auch, weil er von einem zukünftigen Engagement in einem großen Hotel sprach, das ihm aller Wahrscheinlichkeit nach zum Durchbruch im Showgeschäft verhelfen würde. Ich sah mich als seinen zukünftigen Impresario. Ein Traum, der schnell wieder ausgeträumt war, als er mich zum Eröffnungsabend einlud und die einhellige Meinung des weißen Publikums war, daß er tontaub sein müßte, weil er so falsch sang. Unser Sex war angenehm gewesen, aber nichts, woran man sich erinnern müßte.

Daß ich Geld im Überfluß hatte – für meine Verhältnisse jedenfalls –, kam daher, daß ich mich durchs Betriebswirtschaftsexamen geschummelt hatte und nun als Sachbearbeiterin für eine Wohlfahrtsorganisation arbeitete.

Mein Job war enttäuschend, weil ich mit einer Chefin zusammenarbeiten mußte, die mir und meinen Kollegen eifersüchtig alle Informationen vorenthielt. Somit wußte ich nie, ob ich meine Arbeit zu ihrer Zufriedenheit ausgeführt hatte oder nicht. Es machte mich so nervös, in diesem Vakuum zu arbeiten, daß ich mich andauernd kratzen mußte. Zwei Jahre lang. Wie immer ein guter Grund, einen ungeliebten Job zu kündigen.

Doch bis dahin hatte ich noch etliche unerfreuliche nächtliche Affären, die ich mir gerne erspart hätte. Leider ist Partnersuche aber wie eine Lotterie, und ein Treffer bedeutet noch lange keinen Gewinn.

Diesmal war mein Auge auf einen sportlichen Rennradfahrer gefallen, der im Nachbarhaus wohnte. Als er mich eines Abends bat, ihn und seinen Freund doch auf einen letzten Drink mit nach Hause zu nehmen, hatte ich nichts dagegen. Als sich mein Nachbar kurz danach mit den Worten entschuldigte, müde zu sein, brachte ich die beiden zur Tür. Mein Nachbar schlüpfte in Windeseile an mir vorbei, und als mir klar wurde, daß sein Freund nicht die Absicht hatte, ihm zu folgen, servierte ich ihm einen weiteren Drink. Danach entschuldigte ich mich mit Müdigkeit, und er bat mich, auf der Couch schlafen zu dürfen. Ich war schon im Begriff, ihm sein Bett herzurichten, als er mich von hinten umarmte und mir sagte, wie sehr er sich wünschte, mit mir zusammenzusein.

Im Kopf überschlug ich schnell die Stärke seines

Wunsches, daß er eigentlich gar nicht so schlecht aussah, und antwortete dann mit »Nein«, etwas später mit »Vielleicht« und noch später mit »Warum nicht«, denn wir alle brauchten unsere Nachtruhe. Ich hoffte, daß er mich mit gutem Sex beglücken würde, denn diesbezüglich war ich in letzter Zeit wirklich nicht verwöhnt worden. Allerdings stellte sich heraus, daß er total impotent war und trotzdem nicht von mir ablassen wollte. Er drückte mich mit seinem Gewicht nieder und verlangte immer wieder, seinen uneregierten Penis einzuführen, hilfsweise ihn oral zu stimulieren. Ich kam mir machtlos und wie vergewaltigt vor und war glücklich, als die Morgendämmerung endlich aufzog und ich zur Arbeit gehen konnte. Aber das war noch lange kein Grund für ihn, seine fruchtlosen Versuche aufzugeben. Mit Macht hielt er mich zurück, indem er sich selbst immer wieder versicherte, daß er jetzt sicher können würde.

Dieser Vorfall gab mir zu denken. Vielleicht war ich mit farbigen Männern doch auf der falschen Fährte? Deshalb machte ich mir diesmal die Mühe, mich schick anzuziehen, und ging in eine elegante weiße Diskothek.

Als ich in der Menge zwei Schwarze sichtete, von denen einer größer war als jeder in der Disko, konnte ich ein Lächeln nicht unterdrücken. Er trug ein Bein in Gips und ging an einer Krücke. Mein Lächeln sah er als Aufforderung zum Tanz, wobei er sich trotz seines gebrochenen Beines bewegte. Ich war stolz, mal wieder als Bestandteil des interessantesten Paares auf der Tanzfläche zu sein.

Die erste Nacht verbrachten wir in einem Hotel, da ich mir nach meiner letzten Erfahrung mit Mister Impotent geschworen hatte, keine Fremden mehr mit nach Hause zu nehmen. Obwohl Gelonus durch sein Bein behindert war und ich an heftigem Husten litt, tat das unserem Spaß keinen Abbruch. Um die richtige Position kämpfend, landete ich zwischen unseren beiden Betten, die nur locker miteinander verbunden waren, auf dem Boden. Daß wir uns lachend lieben konnten, schien mir ein gutes Omen.

Gelonus' Gesicht war zwar nicht so schön wie das von Hades, da er die Eigenart hatte, verwundert den Mund offen zu halten, was ein bißchen dumm aussah. Außerdem machte seine obere Zahnreihe einen goldenen Zahn sichtbar, auf den er sehr stolz war. Ich vermutete, daß das seine geheime Goldreserve war für den Fall, daß die Zeiten einmal schlechter wurden. Als der Goldpreis Jahre später in die Höhe schoß, las ich in der Zeitung, daß einigen unglücklichen Leuten in New York deswegen die Zähne ausgeschlagen wurden, und hoffte, daß Warren dieses Los nicht auch ereilt hatte. Was mich verblüffte, war, daß Warren trotz seines guten Aussehens kein bißchen arrogant oder aufdringlich war, sondern hilfreich und bescheiden. Er war als Sergeant in der U. S. Army in Darmstadt stationiert und fuhr mit seinem kleinen Sportwagen regelmäßig an den Wochenenden nach München.

Dieses Wochenende verbrachten wir in schöner Harmonie mit Tanzen und Lieben.

Da wir unseren Alltag nicht miteinander teilten und uns nie richtig kennenlernten, stritten wir uns auch nie. Man konnte sich gar nicht an ihm reiben, denn er schien überhaupt keine Geschichte zu haben. Wie alle schwarzen Amerikaner vor ihm, erzählte er mir nichts von seiner Familie oder seiner Erziehung, hatte keine Pläne für die Zukunft und schien auch über keinerlei Ehrgeiz zu verfügen. Dem Tatbestand, daß er es bis zum Sergeant gebracht hatte, schien er auch keine Bedeutung beizumessen. Wie ein weißes Blatt Papier wartete er geradezu darauf, daß andere Leute sich darauf einprägten und ihn zum Leben erweckten.

Voller Zweifel, ob er mir auch während seiner Abwesenheit treu war, besuchte ich ihn einmal unvorhergesehen in Darmstadt. Er war »on duty«, nahm sich aber sofort Zeit für mich. Ich buchte mich in ein teures Hotel ein, um ihm zu zeigen, welchen Lebensstil ich bevorzugte, obwohl es meine Finanzen streßte. Wir verbrachten eine angenehme Nacht und einen lustigen Tag in der Gesellschaft eines anderen Paares, das er als seine Freunde vorgestellt hatte. Damit zeigte er eine Normalität in bezug auf seine Lebensumstände, die keiner meiner vorherigen Freunde gehabt hatte.

Gelonus' Sex war milde wie er selber, und deshalb hatte ich genügend Vertrauen, mit ihm auszuprobieren, ob analer Sex erregender war als vaginaler. Eine blonde, attraktive Mitschülerin von mir, die ein gesellschaftlicher Schmetterling war und sich nur mit betuchten Leuten umgab, hatte diese Behauptung aufgestellt. Vorsichtshalber sagte ich Gelonus aber nichts von meinem Vorhaben. Ich wollte nicht zum Vollzug gezwungen werden, wenn das Ganze zu schmerzhaft war. Klammheimlich führte ich ihn lediglich in die andere Öffnung und quetschte dann meine Zähne vor lauter Schmerz zusammen, denn durch seinen kurzen, aber dicken Penis wurde mein Muskel so stark erweitert, daß er zu bluten begann. Als er ganz in mich eingedrungen war, hatte ich das Gefühl, mich ihm ganz hingegeben zu haben. Eigenartigerweise gab mir das ein Gefühl von Stärke und Macht über ihn. Trotzdem war ich froh, als alles vorbei war. Als ich ihm sagte, daß wir es andersherum gemacht hatten, zeigte er sich begeistert und überrascht, da er den Unterschied nicht festgestellt hatte. Das ärgerte mich, denn wer leidet schon gerne ohne Belohnung.

Nach sechs Monaten überaus harmonischen Zusammenseins versuchte ich Gelonus eine Heirat schmackhaft zu machen. Der Gedanke, mit ihm von einem Armeestützpunkt zum nächsten zu ziehen, reizte mich, da ich gerne wieder einmal auf Reisen gegangen wäre. Auch der Gedanke, in Baracken zu leben, wo ich von seinem geringen Gehalt den Haushalt bestreiten und nur unsere hübschen Kinder aufziehen würde, erschien mir überaus romantisch. Durch meine Abwesenheit würde ich ihn von den Unbillen des

Lebens schützen, denn geistig fühlte ich mich ihm sehr überlegen. Nicht, daß er meine schützende Hand benötigt hätte, aber irgendwie mußte ich meine Anwesenheit doch rechtfertigen.

Da Gelonus aber ein vorsichtiger Mann war, wollte er mich zwar heiraten, aber nicht so schnell. Ich konnte ihm doch nicht sagen, daß meine Eieruhr schon beinahe abgelaufen war und ich mir geschworen hatte, mit dreißig Jahren eine Familie zu gründen, komme, was wolle.

Da Gelonus nicht sofort reagierte, ergriff ich die Initiative. Ich kündigte meinen Job, den ich sowieso schon haßte, und mein Apartment, was mir ein bißchen leid tat. Dann teilte ich ihm mit, daß ich zu ihm nach Darmstadt ziehen würde, was er zu begrüßen schien. Erwartungsvoll sah ich daraufhin seinem nächsten Wochenendbesuch entgegen, an dem wir meinen Umzug besprechen wollten.

Ein Wochenende, an dem er durch Abwesenheit glänzte. Er hätte überraschend arbeiten müssen, war seine Entschuldigung.

Nachdem ich mit Hades jahrelang in der Warteschlange gelebt hatte, hatte ich mir geschworen, nie mehr auf einen Mann zu warten. Deshalb ging ich an diesem Samstag wutentbrannt aus. In dieser Nacht besuchte ich das Tabarin, um Hades zu treffen. Schon am nächsten Morgen bereute ich, mit Hades ins Bett gegangen zu sein, denn sein Sex ließ mich kalt.

Diese unerfreuliche Nacht hatte fatale Konsequenzen für meine zukünftige Ehe. Eine Ehe, die ich nicht mit Gelonus, sondern einem Fremden schloß.

»Den« Mann glaubte ich gefunden zu haben, als Ares mir aufgeregt von seinem Balkon aus, der den Tennisplatz überblickte, zuwinkte und mich fragte, ob er mit mir spielen dürfe. Eine schöne Abwechslung, denn es war schon langweilig geworden, den Ball gegen die Tenniswand zu knallen. Aus der Ferne sah Ares kohlschwarz aus und hatte ungefähr meine Größe. Er hatte eine leichte Tendenz zum Doppelkinn, und sein extrem wülstiger Nacken war mit einem großen Kopf verbunden, der leicht nach vorn geneigt war, wie ein Boxer vor der Attacke. Als er sich breit grinsend vorstellte, wobei sein Mund schier bis zu seinen Ohren reichte, verwandelte er sich in einen Clown und verströmte auf einmal einen umwerfenden Charme. Nachdem er mich nach meinem Namen gefragt hatte, entschuldigte er sich sofort für seine Neugierde und wollte dann ohne zu zögern wissen, ob eine so gutaussehende Frau wie ich schon verheiratet oder noch zu haben sei. Wir begannen zu spielen. Er bewegte sich mit katzenhafter Leichtigkeit. Nach etwa fünfzehn Minuten fragte er, ob ich ihn heiraten würde. Heimlich hoffend, daß es sein Ernst sei, gab ich vor, seinen Vorschlag als Spaß aufgefaßt zu haben, und parierte lachend: »Das würde ich mir ernsthaft durch den Kopf gehen lassen!« Nachdem er das Match gewonnen hatte, erinnerte mich Ares an seinen »Antrag«, und wir verabredeten uns zu einem weiteren Spiel für den folgenden Tag. Um der Geschichte vorzugreifen: Er hatte tatsächlich alle Attribute von Ares, dem Gott des Krieges. Da ich Menschen mag, die spontaner, energischer, witziger und schlagfertiger sind als ich, war ich gespannt darauf, ihn näher kennenzulernen.

Als Gelonus mich kurz darauf anrief, ohne es für nötig zu befinden, seine wochenendliche Abwesenheit zu begründen, und er sich auch nicht nach einer Wohnung für mich in Darmstadt umgesehen hatte, waren die Würfel gefallen. Schlag auf Fall trennte ich mich von ihm. Erfahrungen hatten mich allerdings gelehrt, daß es nicht klug ist, einem schwarzen Mann ein Nein ins Gesicht zu sagen. Ich bedankte mich deshalb für die gute Zeit, die ich mit ihm verbracht hatte, sagte, daß ich ihn in guter Erinnerung behalten wollte und es deshalb vorzog, ihn nicht mehr zu sehen. Es geschah ihm ja ganz recht, so vor die Tür gesetzt zu werden. Warum hatte er auch eine so heiße Nummer wie mich warten lassen, bis ich kalte Füße bekam?

Am nächsten Tag kam Ares verspätet zu unserem Treffen mit der Entschuldigung, er habe sich gerade von seiner Freundin getrennt. Er wollte wissen, ob ich mir seinen Vorschlag überlegt hätte. Meine Antwort darauf war, daß es für mich okay sei, daß ich aber erst meinen Freund darüber informieren müsse. Schließlich war ich ja auch ein begehrtes Teil – nicht nur er!

Gemeinsamkeiten hatten wir: Er mußte sein Armeequartier verlassen und wollte nicht mit seiner Freundin und ihren drei Kindern nach Dublin ziehen. Ich wollte nicht aus meiner gemütlichen Wohnung raus, deren Kündigung ich gerade noch rechtzeitig rückgängig gemacht hatte.

Ares wollte Kinderpsychologie studieren. Mein Herz schlug höher, als ich das hörte, denn er mußte doch Kinder mögen, wenn er dieses Studium gewählt hatte. Er bot mir eine Massage an. Er cremte mich von oben bis unten ein und begann mich dann von den Zehen an aufwärts zu massieren. Seit mir Hera als Kind den Kopf immer so angenehm gekrault hatte, war ich nicht mehr in den Genuß solch einer Entspannung gekommen. Ich verlor alle Hemmungen und entspannte mich total. Den ganzen Nachmittag und die ganze Nacht hindurch hielten wir uns in den Armen und liebten uns so leidenschaftlich, daß ich mich Hals über Kopf in ihn verliebte. Ob all dieser Zärtlichkeiten und unserem mächtigen Verlangen hatte ich nur noch den einen Wunsch, mit Ares für immer zusammenzubleiben.

★

Hera war nicht glücklich, als sie hörte, daß ich einen schwarzen Amerikaner heiraten wollte, den ich gerade erst kennengelernt hatte. Sie hatte Aphrodite und mir vor fünfzehn Jahren das Geld für Tennisstunden nicht gegeben, damit ich mir auf dem amerikanischen Tennisplatz einen acht Jahre jüngeren Schwarzen, der nichts am Hintern hatte, zum Ehemann wählen würde. Nicht, daß sie im Prinzip gegen die Ehe gewesen wäre. Ganz im Gegenteil, sie hatte die neugewonnene Identität als Ehefrau und Gefährtin auch einmal genossen, durch die sie zum Sinnbild all dessen geworden war, was ihren Ehemann hatte ganzheitlich werden lassen, aber wer würde ihrer Tochter helfen, »ganz« zu werden? Sie hatte Athene eine gute Ausbildung zukommen lassen, mit der diese bisher leider nichts hatte anfangen können. Und jetzt: Jetzt hätte sie sie lieber hinter dem Eisernen Vorhang gewußt als in den Armen eines Negers. Ich verschloß die Ohren vor Heras Klagelied, schwärmte vom »Mann meines Lebens« und sprach davon, daß es an der Zeit war, meine weiblichen Qualitäten dem Ehetest zu unterziehen, um zu sehen, ob ich in der männlichen Qualitätskontrolle bestehen konnte. Ares schien jedenfalls ob seiner offenen, herzerfrischend spontanen und unterhaltsamen Art für die Rolle, die ich insgeheim allen meinen Männern zugedacht hatte, der des erfolgreichen Geschäftsmannes und liebevollen Vaters, bestens geeignet zu sein. Hera konnte meinem jugendlichen Überschwang nichts entgegensetzen und kapitulierte vor meinen größeren Energien. Pflichtbewußt übernahm sie die Vaterrolle und fragte Ares, wie er sich die Zukunft vorstellte. Damit landete sie zielsicher auf

Ares' schlechter Seite, denn er wußte genau, daß er ihrer dreißigjährigen Tochter nichts zu bieten hatte, sondern seinerseits auf seine zukünftige Frau angewiesen war. Gleichzeitig konnte er aber nicht umhin, von Heras verstecktem Machtanspruch beeindruckt zu sein, denn er hätte gern dieselbe Kontrolle über ihre Tochter ausgeübt wie sie. Sein starker, mit einer gewissen Hochachtung gepaarter Widerwille gegen ihre unregelmäßigen Besuche, die durch Sprach- und Verständigungsschwierigkeiten noch erschwert wurden, äußerte sich, indem er sich bockig allen Gesprächen mit ihr entzog. Daß sich seine Wut mehr auf Hera konzentrierte, die er nicht sehen wollte, hatte auch etwas damit zu tun, daß ich ihm zu diesem Zeitpunkt noch keine Reibungsfläche bot. Ich tat alles, um seinen Wünschen gerecht zu werden. Ares, wie alle unsicheren Männer, verabscheute die reife Hera auch für ihr ausgeprägtes Standesbewußtsein, denn seine Abstammung war durchaus zweifelhaft.

Schon als Kleinkind war er von Pflegeeltern adoptiert worden, nachdem man seinen Vater mit einer Axt ermordet hatte. Seinen Vater hätte Ares vermutlich genau wie seine Mutter ganz vergessen, wenn er ihm vor seinem Tod nicht ein Pony versprochen hätte. Als ihn seine Schulkameraden in seinem achten Lebensjahr damit aufzogen, daß er adoptiert wurde, war er geschockt. Plötzlich bezweifelte er, daß es Liebe war, die seine Adoptivmutter veranlaßt hatte, ihm den Mund mit Pfeffer zu bestreuen oder mit Seife auszuwaschen, wenn er gelogen hatte. Auch dachte er jetzt nicht mehr, daß es lediglich Strenge war, wenn er für größere Vergehen stundenlang in den Keller gesperrt worden war oder eins mit dem Ledergürtel übergezogen bekommen hatte. Es tat Ares zwar immer noch leid, daß er in einem Wutanfall einem ihrer jungen Hunde das Genick umgedreht hatte, da seine Adoptivmutter ihnen mehr Zärtlichkeiten hatte zukommen lassen als ihm, aber er bereute es nicht, ihr Haus in Brand gesteckt zu haben, zumal die Schuldfrage nie geklärt werden konnte. Daß er sich aus Trotz drei Jahre beim Militär verpflichtet hatte, um sich dort weiterbilden zu lassen, machte ihn auch stolz. Ob soviel Widerstandskraft floß mein Herz vor Mitleid über. Er überraschte mich aber doch, als er stundenlang begeisterte Telefongespräche mit seiner Mutter führte, um ihr zu sagen, wie sehr er mich liebte. Ich bat ihn, sich kürzer zu fassen, aber er versicherte mir, daß diese Gespräche mich kaum finanziell belasten würden.

Als seine Mutter vorschlug, die Hochzeit für uns in Amerika auszurichten, nahmen wir dankend an. Ich freute mich darauf, nicht mit leeren Händen anzukommen, kaufte für seine Mutter, den Ehemann sowie drei Adoptivschwestern und ihre Männer und Kinder kleine Geschenke. Mein Hochzeitskleid wurde von meiner Mutter bezahlt. Außerdem kaufte ich mir meinen ersten Hut, ohne den eine amerikanische Hochzeit angeblich nicht stattfinden kann.

Im Vollgefühl unserer Begeisterung füreinander flogen wir nach Baltimore, wo hundertfünfzig Leute zu unserer Hochzeit eingeladen waren. Am Flughafen erwarteten uns Ares' zierliche Schwester Chimaera, eine gutaussehende Frau in den Vierzigern, und ihr Mann. Nach einer dreistündigen Autofahrt erreichten wir das Haus meiner künftigen Schwiegermutter. Es war ein Holzhaus, und von da an ließ mich der Gedanke an Onkel Toms Hütte nicht mehr los. Nach einer lauten und herzlichen Begrüßung wurden wir in die Küche gebeten, wo ein Festessen auf uns wartete.

Am nächsten Tag bat man uns, die Getränke und die Blumen für unsere Hochzeit zu besorgen. Da mein Budget sowieso schon total überzogen war und Ares überhaupt kein Geld mehr hatte, konnten wir uns nur Bier und billigen Wein leisten. Hätte meine Mutter die Hochzeit ausgerichtet, wären alle Ausgaben von ihr bestritten worden. Abends lieh sich Ares den Wagen seiner Mutter und schlug vor, mit zwei Freunden auf ein Bier in ein Gasthaus zu gehen. Mit einem der beiden kam ich ins Gespräch und konnte mich nachher ums Leben nicht mehr erinnern, wie das Wort »Sex« in die Unterhaltung gekommen war. Jedenfalls unterbrach mich Ares wie von der Viper gebissen: »Was spielt sich hier ab?« Eifersucht! Ich konnte es kaum fassen. Ich versuchte ihm zu erklären, daß er meine offene Art doch kenne und sich wirklich nichts dabei denken müsse. Darauf stand Ares wutentbrannt auf und rannte aus dem Restaurant. Nach zwanzig

Minuten war er immer noch nicht zurück. Wir drei anderen gingen ihn suchen. Und plötzlich war ich ganz allein.

Ich sah eine Telefonzelle und wollte Ares' Mutter anrufen, hatte aber kein Geld dabei. Außerdem wußte ich nicht einmal ihren Namen. Genaugenommen wußte ich noch nicht einmal, in welcher Stadt wir uns befanden.

Eine wunderschöne Trauerweide vor einem kleinen Bach schien mir der geeignete Platz zum Traurigsein. Es wäre wohl das beste, sofort wieder nach Deutschland zurückzukehren. Andererseits hatte meine Schwiegermutter, wenn man ihr Glauben schenken durfte, schon alle Vorbereitungen für die Hochzeit getroffen. Ich hatte zwar noch nichts davon gesehen, dachte aber, daß ich es den Gästen nicht antun könnte, sie wieder auszuladen. Kurz und gut, ich war nicht willens, den wichtigsten Tag meines Lebens zu verpassen.

Am nächsten Tag schworen wir vor dem Sheriff durch Anheben des Armes, daß wir uns vermählen wollten. Dieser Schwur wurde zu Protokoll genommen, nachdem wir je einen Dollar dafür bezahlt hatten, und man händigte uns die Heiratsurkunde aus. Diese mußte noch von dem Priester, der die Zeremonie vollziehen würde, unterzeichnet werden. Wären die Ungarn genausowenig wie die Amerikaner an Papierkrieg interessiert gewesen und hätten bloß meine Geburtsurkunde sehen wollen, wäre ich bereits mit

Himero verheiratet gewesen und hätte mir Ares erspart...

Der Traualtar war ein selbstgebastelter Holzkasten, den man mit bunten Plastikblumen verziert hatte. Er stand der Straße zugewandt, so daß jeder Vorbeifahrende dem Spektakel zusehen konnte. Nun war ich froh, meine Familie nicht mitgebracht zu haben, die diese Zirkusnummer sicher nicht zu schätzen gewußt hätte. Ares' Schwager sang zur Gitarre und wurde von einem Hammondorgelspieler und einem Schlagzeuger begleitet.

Kurz bevor die Zeremonie begann, verschwand Ares. Wie er mir später erzählte, um mit seinem besten Freund wie in alten Zeiten ein bißchen Haschisch zu rauchen. Dieser Freund versuchte ihm unsere Hochzeit auszureden, leider vergebens.

Die ganze Familie hatte sich neue blaue Kleider und Hüte gekauft. Unsicher über meinen Einsatz, sah ich die blaubehüteten Schwestern den Blumenkindern folgen. Danach lieferte Ares' Mutter ihren Sohn am Altar ab, denn sein Stiefvater fungierte als Brautvater. Erst viel später erzählte mir Ares, daß das Liebesleben seiner Eltern keineswegs so harmonisch war, wie sie vorgaben, sondern ihr Mann seiner Mutter schon einmal eine schwere Eisenpfanne übers Haupt geschlagen hatte. Dieser Mann führte mich nun höflich die drei Treppen vom Haus herunter, die mit einem roten Teppich ausgelegt waren. Mit meinen neuen weißen Lederschuhen wäre ich darauf ausgerutscht, wenn ich nicht Halt am Arm des Brautvaters gefunden hätte. Irgendwann knieten wir beide am Altar nieder, der bedenklich unter unserem Gewicht schwankte. Einmal auf den Knien, waren wir auf der Höhe mit dem dicken Bauch des glatzköpfigen Predigers, der sich nach der Zeremonie als Baptist vorstellte. Er hielt eine erfreulich kurze Rede, die mir die Gelegenheit gab, Ares zu beobachten. Ihm tropfte der Schweiß nur so von der Stirn. Etwas, worum ich Himero auch immer beneidet hatte, denn es gab den Männern immer einen so eifrigen Eindruck, mit dem man speziell Arbeitgebern immer imponieren konnte. Ares machte den ungewohnten Genuß von Haschisch dafür verantwortlich. Wie paradox das Leben doch ist. Bisher hatte ich Menschen, die an Drogen hingen, immer strikt abgelehnt. Nun verheiratete ich mich mit einem Mann, der high sein mußte, um mit mir vor den Altar zu treten, auf dem ich geopfert wurde.

Ich versicherte Ares im Ton der Überzeugung, daß ich ihn weder in guten noch in schlechten Zeiten verlassen würde. Ich hatte ja keine Ahnung, wie schlecht die Zeiten werden konnten. Sogar der Priester bemerkte, wie ernst es mir war, und bat Ares danach, meine Liebe keinesfalls unerwidert zu lassen. Mit demselben Brustton der Überzeugung bestätigte ihm Ares seine Loyalität, denn er wollte in Deutschland bleiben und dachte, hierfür sei eine deutsche Ehefrau die bequemste Lösung. Aber sein Motiv für die Eheschließung interessierte mich damals nicht.

Für mich zählte nur mein Wille: Meine billige Wohnung nicht aufgeben zu müssen und einen weißen (im konkreten Fall eher schwarzen) Ritter zu haben, der mich beschützen sollte und mir helfen würde, eine Familie zu gründen. Wovor ich Schutz suchte, wußte ich zwar nicht, denn außer meinen Liebhabern hatte mich noch nie jemand bedroht. Aber durch Familiengründung konnte er mich eventuell vor dem Arbeitsprozeß retten, den ich zwar nicht als Bedrohung, aber immerhin als störend für mein wahres Leben empfand.

Vor der versammelten Gemeinde küßte mich Ares leidenschaftlich, und das war der Zeitpunkt, wo seine gutaussehende Cousine Boreas bitterlich zu weinen anfing. Sie mußte wohl den falschen Eindruck gehabt haben, daß sie Ares für immer verloren hatte. Aber erst als wir wieder nach Deutschland zurückgereist waren, gestand er mir, sie seit seinem zwölften Lebensjahr gebumst zu haben. Seine Mutter weinte nicht, da bei Hochzeiten nur Mütter von Töchtern das heulende Elend kriegen. Sie wissen, was auf ihre Töchter zukommt, können aber nichts verhindern, weil der hormonelle Drang ihrer Töchter zu diesem Zeitpunkt gewöhnlich stärker ist als die Vernunft.

Stolz stellte mich Ares dem einzigen weißen Ehepaar vor, das sich in einer Menge von an die fünfzig schwarzen Amerikanern bewegte, und verschwand im Gewühl. Verloren stand ich herum, als mir die Frauen zur Hilfe kamen. Sie gratulierten mir, den charmanten

Ares abbekommen zu haben, und versuchten mir ihren jeweiligen Verwandtschaftsgrad mit ihm zu erklären. Danach baten sie mich, den Brautstrauß über die linke Schulter der Freundin seines Cousins zuzuwerfen, was mir glücklicherweise auch gelang. Wie es der Brauch vorschreibt, heiratete sie ein Jahr später, und ich hoffe, mit mehr Erfolg als ich.

Um mein Wohlgefühl zu heben, ließ ich mir einen Whisky einschenken und ging auf die Suche nach etwas zu essen. Ich kam gerade noch rechtzeitig, denn der Kraut- und Kartoffelsalat mit gekochtem Schinken und der kunstvoll aufgeschnittene Truthahn waren schon im Begriff zu verschwinden. Danach folgte das rituelle Anschneiden des erstaunlich hohen, übersüßen und synthetisch schmeckenden Hochzeitskuchens. Wie es der Brauch war, knallte man unsere Köpfe zusammen, als wir uns gegenseitig fütterten. Das sollte im Foto festgehalten werden, denn die symbolische Bedeutung war, daß ich von nun an nie mehr hungrig sein würde. Die Aufnahme gelang leider nicht, weil sein Schwager den Film falsch eingelegt hatte. Ein schlechtes Omen für unsere Ehe.

Hunger war dann für die nächsten vierzehn Tage mein ständiger Begleiter, da seine Familie nur einmal am Tag aß, und zwar am Abend. Da ich kaum noch Geld hatte, begann ich aus Verzweiflung am Nachmittag Salate zuzubereiten, von denen ich hoffte, daß sie als Snack und nicht als Mahlzeit gerechnet wurden. Die Kinder, die genauso hungrig waren wie ich, leisteten mir dabei Gesellschaft. Meine Schwiegermutter hatte zu diesem Zeitpunkt zwei Pflegekinder, wovon eines mich beim Rückflug inständig bat, sie doch mitzunehmen. Etwas, wozu ich mich außerstande sah, obwohl ich sehen konnte, daß sie sehr lieblos behandelt wurde, weil ich mich selbst noch als Kind fühlte und mir die Mutterrolle mit fremden Kindern nicht vorstellen konnte.

Alles, was ich von Amerika sah, war eine Pizza-Hut-Filiale und ein chinesisches Restaurant. Eine Autotour durch Baltimore hätte interessant werden können, aber wir hielten nicht einmal an. Ares seinerseits hatte viel Spaß mit seiner Cousine und anderen jungen Leuten, mit denen er vermutlich nicht nur Ball spielte.

Am Sonntag war Gottesdienst, und ich wäre sehr gerne mit zur Kirche gegangen, denn ich hatte schon viel von den phantastischen Gospelgesängen in schwarzen Gemeinden gehört, aber man erlaubte es mir nicht. Die Familie hätte ihren guten Ruf ruiniert, wenn sie eine Weiße in die Gemeinde mitgebracht hätte. Es war das einzige Mal, daß seine Familie ihre Voreingenommenheit in bezug auf meine Hautfarbe offen zugab. Ich war glücklich, als wir Amerika endlich wieder verlassen konnten, und hatte keine Ahnung, daß mein Kreuzgang gerade erst begonnen hatte.

Die erste Passionsstation erreichte ich, als Ares über Herzschmerzen klagte und ich unser gesamtes Gepäck alleine zum Flughafen schleppen mußte. Er erklärte sich gerade einmal bereit, unsere Tennisschläger zu tragen.

In Frankfurt, eine Flugstation von München entfernt, bat man uns auszusteigen, um ihn in der Flughafenklinik untersuchen zu lassen. Dort mußten wir sehr lange auf einen Doktor warten, während Ares wie ein Kind an mir klebte, voller Angst, im Sterben zu liegen. Als der Doktor keine körperlichen Symptome erkennen konnte und lediglich diagnostizierte, daß seine Luftkrankheit durch Angstgefühle hervorgerufen worden war, und ihm einige rote Pillen gab, war Ares entsetzt, wie man einen todkranken Mann hier behandelte.

In München erwartete mich die Telefonrechnung. Dreitausend Mark hatte Ares mit Amerika vertelefoniert. Ich bat die Bank um den Höchstkredit. Danach mußte ich die Telefonrechnung immer noch in drei Monatsraten abstottern. Bereitwillig, fast eifrig, unterschrieb Ares den Kreditvertrag mit mir zusammen, denn als Eheleute waren wir von nun an auch finanziell eine Gesellschaft geworden.

Passionsstation Nummer zwei erschien mir zuerst als himmlische Fügung, da ich schnell einen Job fand, der nicht allzu weit entfernt war von der ehelichen Wohnung, damit ich meinen hausfraulichen Pflichten nachkommen konnte. Ich wußte, daß Liebe durch den Magen geht, was vermutlich auch ein Grund ist, weshalb jeder zweite Deutsche übergewichtig ist.

Die Firma exportierte Kabel und Stecker, und man deutete an, daß man im Begriff sei, den Export auf den amerikanischen Markt zu erweitern. Sollte ich mich als geeignet erweisen, wären Amerikareisen nicht ausgeschlossen. Ich assoziierte zwar elektronische Einzelteile nicht unbedingt mit Spaß, aber da es mir in erster Linie um Bequemlichkeit ging, war mir die Freude an der Arbeit nebensächlich. Außerdem würde ich bestimmt bald schwanger werden. Verliebt bis über beide Ohren, erlaubte ich mir keine weiteren Überlegungen. Zum Beispiel, wie wir dieses Baby finanzieren sollten, wenn ich als Verdiener ausfiele, denn Ares wollte studieren.

Ich warf also die verbliebenen Antibabypillen ostentativ aus dem Fenster, womit ich glaubte, meinen Kinderwunsch besiegelt zu haben.

Vier Wochen später begann ich sie heimlich wieder zu schlucken, denn mein trautes Heim erlaubte mir nicht länger das Glück allein. Ares ließ mich von nun an keine Minute mehr unbeschäftigt. Sobald ich erschöpft von der Arbeit heimkam, verlangte er nach Sex. Ich wäre ihm auch sehr gerne zu Willen gewesen, wären meine Lebensbedingungen nicht dadurch erschwert worden, daß ich einen Mann zu versorgen hatte.

Das bringt mich zu Passionsstation Nummer drei (und dann hörte ich auf zu zählen), unserer Wohnung, die Ares umgestalten wollte. Er legte Deckchen aus, stellte den Couchtisch voll mit Firlefanz, den man vor jedem Essen abräumen mußte, und hielt glühende Plädoyers für Tapeten aller Art. Ein riesiges braungrundiges Blumenmuster hatte es ihm fürs Wohnzimmer besonders angetan. Bisher hatte ich ihn gewähren lassen, denn mein Nest sollte auch das seine sein, aber da war bei mir Schicht. Als Ares zu keinem Kompromiß bereit war und im Farbengeschäft mit dem Fuß aufstampfte, als ich sein Muster ablehnte, und mir dann durch warnende Worte, die immer lauter wurden, zu verstehen gab, daß er ohne diese Tapete den Laden nicht verlassen würde, gab ich klein bei. Es war mir einfach zu peinlich. Zu Hause angekommen, verweigerte er meine Hilfe beim Kleben der Tapete – mit dem Erfolg, daß alles schief war.

Zwei Monate später gab Ares zu, sich geschmacklich geirrt zu haben, und wir hatten dann die undankbare Aufgabe, alles wieder herunterzureißen. Das war das erste und letzte Zugeständnis, das Ares in unserer kurzen Ehe machte. Es blieb aber nicht sein letzter Versuch, unsere Hackordnung zu seinen Gunsten zu entscheiden. Daß sich unsere Machtprobe in einem Farbengeschäft abgespielt hatte, war typisch für unsere Einkommensgruppe. Wäre ich ein besserer Verdiener gewesen, hätte sich diese Szene sicher bei einem Autohändler abgespielt.

Und dann ging es wieder um Geld. Ares hatte mir versichert, daß er mir während seines Studiums nicht auf der Tasche liegen würde, da das Militär für die

Kosten aufkommen sollte. Nun bat er mich aber, ihm das Schulgeld vorzustrecken, da er vergessen hatte, seinen Antrag rechtzeitig zu stellen. Das machte mir nichts aus, denn letztendlich investierte ich damit ja in eine glorreiche Zukunft. Er versprach mir, das Geld zurückzuzahlen, sobald man seinem Antrag stattgegeben hatte. Er tat es nicht, da er der Meinung war, daß alles, was ihm gehörte, sein war und alles, was mein war, auch ihm gehörte.

Als er mich einmal bat, ihm bei den Schularbeiten zu helfen, stellte ich fest, daß er Buchhaltung lernte. Befragt, was das mit Kinderpsychologie zu tun habe, gab er zu, noch nicht einmal die Universitätsreife zu haben. Die mußte er innerhalb von zwei Jahren erst noch nachholen. Da ich der Überzeugung war, ihn um seiner selbst willen zu mögen und nicht seiner Geistesgröße wegen, belächelte ich seine Lüge und gab ihm zu verstehen, daß ich ihn nach Kräften unterstützen würde.

Ares war faul. Er lernte nur gelegentlich, und dann mit wenig Ausdauer. Er nahm sich die Zeit, täglich stundenlang Tennis zu spielen. Seine verschwitzten Klamotten füllten unseren Wäschekorb, den ich dann jede Woche in einer nahe gelegenen Wäscherei wusch, manchmal bis zu sechs Maschinen auf einmal. Tennisspielen machte ihn durstig, und auch wenn er nicht mehr durstig war, trank er weiter. Beschickert empfing er mich dann nach der Arbeit mit der naiven Frage, warum ich unser Abendbrot nicht gekocht hätte. Notgedrungen machte er uns dann selbst gelegentlich etwas zu essen. Innerhalb von vier Monaten brachte ich fünfzehn Pfund mehr auf die Waage. Unglücklich über mein Aussehen, bat ich Ares, die Sauna in der amerikanischen Kaserne benutzen zu dürfen, um wieder abzuspecken. »Nein«, sagte er, denn ich gefiel ihm übergewichtig, da ich dann nicht so attraktiv auf andere Männer wirkte. Er mutmaßte, daß ich lediglich in die Sporthalle gehen wollte, um in der Kaserne meine alten Freunde wiederzutreffen.

Mein dicker Bauch machte den Sex natürlich auch nicht attraktiver für mich. Mehr denn je versuchte ich mich seinen konstanten sexuellen Wünschen zu entziehen, da wir vor dem Sex auch jedesmal Streit hatten. Eine notwendige Vorbedingung für Ares, der den Akt dadurch erregender fand.

Es war das Wörtchen »nein« in meinem Vokabular, das zuerst unsere Nächte und dann auch unsere Tage zum Alptraum machten. Unsere Diskussionen, ob wir Sex machen sollten oder nicht, zogen sich bis spät in die Nacht hin. Letztendlich gab ich immer nach, da ich am nächsten Tag früh aufstehen mußte. Unsere Streitigkeiten führten Ares immer zu dem Ergebnis, daß ich mich wohl heimlich mit Hades treffe und deshalb sexuell ausgelastet wäre. Vernünftige Argumente (daß er mich nicht nur während der Mittagspause, sondern zu jeder Stunde des Tages bei der Arbeit anrief), konnten ihn nicht von seinem Eifersuchtstrip abbringen. Da blieb mir nichts anderes übrig, als die Beine zu spreizen und höchstens zum Zeichen meines Widerstands seinen Sex wie eine Tote über mich ergehen zu lassen.

Diese Form der Verweigerung brachte mich aber nicht weit, da er wußte, wie er mich zum Orgasmus bringen konnte. Mit intensiver Verbissenheit ging er so lange an mir herunter, bis ich mich willenlos dem Vergnügen hingab. Jetzt phantasierte auch ich, ihm während des Aktes von hinten mit der Eisenpfanne eines über den Schädel zu knallen. Aber das verhinderte meinen Höhepunkt nicht, da die Natur nicht zwischen positiven oder negativen Gefühlen unterscheidet. Was mich erregte, spielte für die Natur keine Rolle, denn auch Haß ist ein Erregungszustand. Was ich vor allem haßte, war, daß ich bei diesem Machtkampf immer den kürzeren zog und damit Ares zum Boß erklärte. Wenn er seinen schlaffen Penis drohend in meine Richtung schwenkte, um mir verstehen zu geben, was der nächste Punkt auf unserer Tages- bzw. Nachtordnung war, hatte ich dem nichts entgegenzusetzen.

Die Ironie dabei: Er war (und blieb) der einzige Liebhaber, der mich überhaupt zum Höhepunkt bringen konnte. Mit ihm hatte ich einmal sogar den einzigen vaginalen Orgasmus meines Lebens. Das war allerdings Wochen vor unserer Hochzeit, als ich ihn noch kaum kannte und für den idealen Partner hielt.

Was mich aber mehr als alles andere an Ares aufbrachte, war sein gnadenloser Egoismus. Die Selbstsicherheit, die Ares ausstrahlte, begeisterte mich nicht mehr. Was immer in unserem Haus geschah, ging zu seinen Gunsten. Hatten wir einen Gegenstand für unsere Wohnung gekauft – wie die monströse Couchgarnitur, den Fichteneinbauschrank oder einen neuen Plattenspieler für seine Stereoanlage –, bezeichnete er ihn als sein Eigentum, obwohl ich dafür bezahlt hatte. Wenn sein aufgeblasenes Ego zumindest in einem gewissen Verhältnis zu seinen Leistungen gestanden hätte, wäre diese Eigenart leichter zu akzeptieren gewesen. Aber für all die Dinge, die ihm das Gefühl der Überlegenheit gaben, war nicht er die Ursache, sondern ich: Sei es, daß er sich den anderen Amerikanern gegenüber überlegen fühlte, weil sie in der Kaserne wohnten, während er auf »deutschem Boden« lebte. Auch daß er auf die Schule ging, während sie arbeiten mußten, gab ihm Überlegenheit. Er bestand auch darauf, seinen Namen auf allen Verträgen zu sehen, die ich schloß. Dankbar meldete ich nur unseren Telefonanschluß auf ihn um, denn ich hatte nicht vor, noch einmal ein Vermögen für ihn zu bezahlen. Am Ende hörte ich nur noch »mein, mein, mein« wie ein Echo von den Wänden widerhallen.

Immer wieder wollte er wissen, ob ich den Sex mit Hades genossen hatte und wie wir es miteinander getrieben hatten. Alle anderen Männer in meiner Vergangenheit interessierten ihn nicht, da sie Weiße waren. Und er ging fest davon aus, daß ihm kein weißer Mann sexuell das Wasser reichen konnte. Zuerst erwiderte ich, daß ihn meine Vergangenheit gar nichts anginge. Doch einmal schlug ich ihm aufs Geratewohl vor, er solle Hades doch am besten gleich selber ausprobieren. Trotzdem kam er immer wieder auf dieses Thema zurück. Ich hatte so die Nase voll! Einmal packte er mich am Kragen und schubste mich so, daß ich unter den Tisch stolperte, der mit einem lauten Krach über mir zusammenbrach.

Nachdem ich meine Lektion von Hades gelernt hatte und wußte, daß ich sofort zurückschlagen mußte, wenn ich nicht auch der Sandsack von Ares werden wollte, griff ich nach einem Tennisschläger und schlug damit zu. Voller Schmerz verzog er das Gesicht, und wenn ich mich nicht täuschte, sah ich sogar einen Schimmer von Bewunderung in seinen Augen. Viele schwarze Männer vor ihm hatten mir anvertraut, wie stolz sie darauf waren, von ihren Frauen eine gesunde Tracht Prügel bekommen zu haben.

Vor lauter Frust griff ich immer öfter zur Flasche. Hatte ich einen über den Durst getrunken, drohte auch ich ihm mit Selbstmord. Aber ich hätte es nie vermocht und empfand einen solchen Akt auch als zutiefst unästhetisch.

Als Ares dann aber die Pferde wechselte und ankündigte, statt seiner selbst lieber mich zu töten, beschloß ich, mich scheiden zu lassen. Ich warf ihn aus der Wohnung. Am nächsten Tag rief er mich von einer Telefonzelle aus an und bat mich mit erschlaffter Stimme, meine Entscheidung rückgängig zu machen.

Andernfalls würde er noch mehr Schlaftabletten schlucken, als er bereits intus hatte. Doch der Anwalt war bereits informiert, das Verfahren lief.

★

Mein Entschluß, mich von Ares zu trennen, war natürlich nicht das Ende dieses Kapitels. Als er merkte, daß ich es ernst meinte mit der Scheidung, bat er mich, seine Klamotten abholen zu dürfen. Durch die geschlossene Tür forderte ich ihn auf, am Treppenansatz stehenzubleiben, und beobachtete ihn durch den Spion. Dann öffnete ich vorsichtig die Tür und warf als erstes seine Schuhe hinaus. Die Sekunden, die ich brauchte, den Arm wieder zurückzuziehen, genügten Ares, um Anlauf zu nehmen und sich mit seinem ganzen Gewicht gegen die Tür zu stemmen. Da standen wir nun, schwer atmend, voreinander. Er wolle ja nur mit mir sprechen! Was blieb mir anderes übrig, als ihm zuzuhören. Wie zwei kaputte Plattenspieler wiederholte er ständig, daß ich ihm doch noch eine Chance geben solle, während ich immer wieder versicherte, die Scheidung müsse ja nicht das Ende sein. Wir könnten doch Freunde bleiben und dann sehen, ob unsere Beziehung zu retten sei. Als er genug hatte, schubste er mich zur Seite und erklärte kategorisch, daß er die Wohnung nicht verlassen würde. Ich wußte mir keinen anderen Rat, als eine Bekannte anzurufen und sie zu fragen, ob sie mir für eine Weile Unterkunft bieten konnte. Schließlich schnappte ich meine Handtasche und verließ ihn ohne ein Wort.

Am nächsten Tag rief ich Ares an, um ihm mitzuteilen, daß ich erst zurückkommen würde, wenn er das Apartment wieder verlassen hätte.

Seine Stimme klang, als ob er im Sterben lag oder Rauschgift eingenommen hatte. Er bat mich, ihm zu helfen. Auf keinen Fall aber sollte ich die Polizei rufen oder einen Doktor mitbringen. Ich roch die Ratte, hatte aber Angst vor seinem vorzeitigen Abgang, für den ich nicht verantwortlich sein wollte. Ich versprach zu kommen und bewaffnete mich mit einer kleinen Nagelschere, die ich in der Faust verbarg.

Nachdem Ares sich versichert hatte, daß ich allein war, öffnete er die Tür. Er schlurfte zurück zum Bett, legte sich nieder und schwor mir ewige Liebe. Wir unterhielten uns eine Stunde, und als seine Stimme lauter und lebhafter wurde, verabschiedete ich mich. Ich hatte mein Lebewohl noch nicht beendet, als er vom Bett aufsprang und sich zwischen mich und die Tür stellte und mir versicherte, daß ich diese Nacht mit ihm verbringen würde. Mit der Schere in der Hand erwog ich meine Chancen. Ich konnte mich aber nicht dazu überwinden, kaltblütig zuzustechen. Ich legte mich aufs Bett und machte die Beine breit. Er brachte mich zum Orgasmus – auch diesmal. Am Morgen wurde ich noch mal gegen meinen Willen gefickt, aber diesmal mit der Aussicht, daß er sich eine Wohnung suchen würde, wenn er noch einmal »durfte«.

Erst der Anruf aus einem Krankenhaus ließ mich wieder an ihn denken. Er hatte eine Überdosis Schlaftabletten genommen. Sein Selbstmordversuch traf mich wie ein Schlag, da ich ihn immer noch genügend mochte, um ihm nicht den Tod zu wünschen. Gefühle kann man nicht wie einen Lichtschalter an- und ausschalten. Noch nie zuvor hatte mich jemand für so wichtig gehalten, daß er sich für mich das Leben nehmen wollte. Damals erinnerte ich mich nicht, daß mir bereits mit vierzehn ein platonischer Freund mit seinem Tod gedroht hatte, wenn ich mich von ihm trennte. Ich tat es trotzdem, worauf er seine nächste Freundin heiratete. Also fuhr ich sofort zum Krankenhaus. Mein Herz klopfte wie rasend, als ich Ares heulend auf einem transportablen Bett im Gang liegen sah. Er weinte. Der Arzt versicherte mir, daß er über den Berg sei. Ares klammerte sich wie ein Kind an mich und bat mich immer wieder, ihn nicht zu verlassen. Ich versprach, ihm seine Toilettenartikel zu bringen.

Nach seiner Entlassung hörte ich eine Weile nichts von ihm.

Weihnachten stand vor der Tür, und einsam hatte ich mir mein erstes Fest als Ehefrau nicht vorgestellt. Also rief ich ihn an, um herauszufinden, ob er genauso litt wie ich. Er sagte, er habe einen Truthahn gebraten und sei sogar im Besitz eines Weihnachtsbaumes. Bloß ich fehle ihm noch, um sein Glück zu vollenden. Ich überschlug mich beinahe, um schnellstmöglich zu ihm zu kommen. Das Geflügel war schon beinahe aufgegessen. Im Nebenzimmer bumste sein Freund ein Mädchen, und die schäbige Atmosphäre dieses Armeequartiers wurde durch den winzig kleinen künstlichen Weihnachtsbaum, der verloren auf dem Stuhl stand, nicht entscheidend verbessert. Aber meine momentane Enttäuschung war schnell wieder vergessen, als ich feststellte, wie sehr Ares sich über meinen Besuch freute. Später stellte er mir die schwarze Schönheit vor, mit der er Weihnachten gefeiert hatte. Nach dem Essen hatte man sie gebeten, das Feld vorübergehend für mich zu räumen, so erklärte sie mir.

Mit der vagen Entschuldigung, daß vier Monate Ehe wirklich zu kurz waren, um jemanden ernsthaft kennenzulernen, ging ich mit ihm aufs Gericht, da unser Scheidungstermin bereits angesetzt war. Dort waren wir das einzige glückliche Paar.

Das folgende Jahr unserer Ehe ähnelte dem Start, nur daß Ares nicht mehr soviel Zeit hatte, mir das Leben zur Hölle zu machen. Wie erwartet fiel er durchs Examen. Zuerst begann er Hamburger für McDonald's zu grillen. Danach ließ er sich von einem Reinigungsdienst einstellen, den er sechs Wochen später wieder verließ, weil ihm der Arbeitsbeginn in den frühen Morgenstunden nicht entsprach. Auch als Tellerwäscher hatte er nicht das Gefühl, es zum Millionär bringen zu können, und deshalb wollte er kurz darauf wieder studieren. Da er es aber genossen hatte, sein eigenes Geld zu verdienen, beschloß er, sich gleichzeitig bei den Amerikanern um den Posten eines Sportdirektors zu bewerben. Als er diesen Job wider Erwarten tatsächlich bekam, fühlte sich Ares ganz in seinem Element, denn er hatte jetzt zwei Mitarbeiter unter sich. Nun waren wir beide endlich auf dem Weg in eine erfolgreiche Zukunft.

Obwohl Ares nun ein regelmäßiges Einkommen hatte, verbesserte sich unsere finanzielle Lage nicht. Er behielt sein ganzes Geld für sich und kaufte lediglich unsere Lebensmittel. Unser Kredit war unvermindert hoch, als er den Wunsch äußerte, eine Limousine zu kaufen. Ich war wie vor den Kopf geschlagen, da ich kaum noch etwas zum Anziehen hatte und wir verschlissene Unterwäsche trugen. Ein Luxusauto war aber nur die eine Hälfte seines Wunsches, die andere war ein Baby. Seinen Freunden sagte er, daß ich innerhalb des nächsten Jahres schwanger sein würde. Ich fühlte mich aber nach wie vor nicht sicher mit ihm und war unentschieden, ob ich ein Baby mit ihm riskieren konnte. Daß Mütter von »gemischten« Babys ihre Kinderwagen meistens allein schoben, fiel mir zu dieser Zeit auch auf.

Natürlich verfielen wir wieder in alte Gewohnheiten. Ares vergewaltigte mich und quälte mich mit seiner Eifersucht.

Diesmal flog er allein zu seiner Mutter nach Amerika. Meinen schönsten Besitz, mein Hochzeitskleid und einige andere Kleidungsstücke, ließ er mitgehen. Vermutlich für seine hübsche Cousine. Vielleicht aber auch für seine neue Freundin. Nach seiner Rückkehr verlangte er auch sein Weihnachtsgeschenk zurück, Porzellan für dreizehn Personen, sowie meinen Ehering, den ich selbst bezahlt hatte. Zu diesem Zeitpunkt war ich aber bereits von noblen Gesten geheilt. Zu oft hatte ich vor lauter Stolz die Geschenke meiner Liebhaber wieder zurückgegeben.

In unserem Trennungsjahr vernaschte Ares nach eigenen Angaben an die vierzig Frauen und blieb dann an einer Italienerin kleben, der er ein Kind machte. Damit schlug er zwei Fliegen mit einer Klappe, denn Italien war sein nächstes Reiseziel.

Es überraschte mich deshalb, als er mich bei unserem Scheidungstermin bat, unsere Beziehung wiederaufzunehmen. Meine Weigerung führte zu der Erpressung, daß er sich nicht von mir scheiden ließe, wenn ich ihm nicht sofort vor dem Richter zweitausend Mark aushändigen würde.

Hera zückte darauf ihr Scheckbuch und lieh mir das Geld. Wie sehr ich mich von Ares ausgenommen fühlte, bemerkte ich aber erst auf dem Nachhauseweg vom Gericht. Ein Sportwagenfahrer folgte meinem rostigen alten Volkswagen. Vor meinem Haus bot ich ihm für hundert Mark meine sexuellen Dienste an. Als er aber nur fünfzig Mark in mich investieren wollte, schickte ich ihn unverrichteter Dinge wieder fort. Danach konnte ich mir gar nicht erklären, was mich zu diesem Schritt veranlaßt hatte.

Ares wurde danach noch oft in schicken Diskotheken gesehen, gewöhnlich in Begleitung eines stadtbekannten begüterten Homosexuellen. Nach der Geburt seines Sohnes besuchte ich ihn. Das Baby hatte die hysterischen Basedowaugen seines Vaters geerbt und mußte meinen Widerwillen gefühlt haben, denn es furzte, als ich es aus dem Bettchen hob.

Auf meine Frage, ob er die Homosexuellenszene interessanter fand als das Eheleben, sagte Ares, er habe sich von seinem Mäzen getrennt, als er dessen sexuelle Wünsche nicht länger ignorieren konnte. Ich bedauerte, daß es das Schicksal Ares nicht mit gleicher Münze zurückgezahlt hatte. An die ausgleichende Gerechtigkeit glaubte ich erst zehn Jahre später wieder, als er mich von Italien aus anrief, um mich um Geld zu bitten. Seine Frau sei unheilbar an Krebs erkrankt, und sein Gehalt als Koch bei der amerikanischen Armee reiche nicht aus, um für die Krankenhausrechnung und seine zwei Kinder aufzukommen. Mit dem Gedanken, noch einmal billig davongekommen zu sein, schickte ich ihm das Geld.

Nach unserer Scheidung kommentierte Hera meine kurze Ehe mit den Worten, daß ich mir dafür hätte einen schönen Mercedes kaufen können. Sie brachte Glück immer mit einem Mercedes in Verbindung. Ich aber assoziierte Glück immer noch mit Liebe. Da Liebe aber ein Spiel für zwei ist und von den Partnern nicht nach unterschiedlichen Regeln gespielt werden kann, fand ich alles in allem Unabhängigkeit doch erstrebenswerter.

★

Nutte wurde ich ein Jahr später, als ich etwas Ordnung in mein Leben gebracht hatte. In dieser Zeit arbeitete ich in einem Leasingbüro. Meine Aufgabe bestand darin, finanzielle Verhältnisse potentieller Kunden zu überprüfen. In der Gesellschaft ausgeglichener Menschen bekam ich langsam mein Selbstvertrauen wieder zurück.

Mehr aus Gewohnheit ging ich ab und zu noch in den amerikanischen Club. Dort traf ich eine ältere Amerikanerin, die mich bat, ihre Dollars in deutsches Geld umzutauschen. Im Gespräch stellte sich heraus, daß sie nach Deutschland gekomen war, um ihre Verwandtschaft zu suchen. Ihr inzwischen verstorbener Vater hatte nach seiner Emigration alle Brücken hinter sich abgebrochen. Nun wollte sie herausfinden, ob sie Anspruch auf sein Erbe hatte. Das erinnerte mich an meinen mir unbekannten Vater, der in

New York leben sollte. Sie schlug mir vor, die Rollen zu tauschen: Ich sollte herausbekommen, ob sie noch Verwandtschaft in Deutschland hatte, und sie würde sich auf die Suche nach meinem Vater begeben. Ich war sehr überrascht, als sie mir drei Monate später einen Brief schrieb, in dem sie mir mitteilte, daß sie in alten Telefonbüchern etliche Männer mit dem Namen meines Vaters gefunden hatte, aber keiner sei Ende des zweiten Weltkriegs in Deutschland gewesen. Nur einen Mann hätte sie telefonisch nicht erreichen können. Auf ihre Telegramme hätte er nicht reagiert, deshalb sollte ich nun selbst die Initiative ergreifen. Ziemlich sicher, daß dieser Mann mein Vater war und nicht gefunden werden wollte, schrieb ich ihm einen Brief, gab aber keinen Grund an, weshalb es so wichtig für mich war, zu erfahren, ob er sich 1945 in Tegernsee aufgehalten hatte. Ich setzte ganz auf seine Neugier. Dann ließ ich mir vom Archiv den Stammbaum von Erinnys schicken, die nur noch eine lebende Verwandte hatte. Als sich diese Frau ohne ersichtlichen Grund weigerte, mit ihrer amerikanischen Verwandten Kontakt aufzunehmen, waren wir beide enttäuscht. Doch ein halbes Jahr später erhielt ich einen Brief von meinem mutmaßlichen Vater.

Zeus gab an, sich nur kurzfristig in New York aufzuhalten, und bat mich, ihn schnellstens wissen zu lassen, worum es ging, da er im Begriff sei, wieder nach Frankfurt zurückzuziehen, wo er die meiste Zeit lebte.

Per Telefon überbrachte ich ihm die frohe Botschaft, daß er möglicherweise der Vater von Zwillingen war. Erfreut teilte er mit, daß er keine eigenen Kinder hatte und nicht verheiratet war. In letzter Minute konnte ich meine Bekannte davon abhalten, die Boulevardpresse auf unseren einmaligen Glücksfall aufmerksam zu machen.

Zeus versprach, uns zwei Monate später in München zu besuchen. Die Spannung war groß, als er nach vier Monaten tatsächlich eintraf. Zu diesem Zeitpunkt nannte ihn Hera bereits die »größte Liebe ihres Lebens«. Abwesenheit läßt bekanntlich alle Herzen höher schlagen.

Ich wünschte mir einen Geschäftsmann zum Vater, der mir auf die Sprünge helfen konnte.

Auf seinen Wunsch hin fand unser Treffen in der Lobby eines Hotels statt. Heras Ex spazierte durch die Pendeltür und küßte uns alle charmant auf die Wange. Unsere Mutter hatte keine Schwierigkeiten, in Zeus den Produzenten ihrer Babys zu erkennen, während die vierunddreißigjährige Trennung seinem Erinnerungsvermögen durchaus abträglich gewesen war. Das tat aber seinem Vergnügen an der Situation keinen Abbruch. Er bewegte sich behende für sein Alter, war nicht größer als ich, hatte einen dicken Bauch, weiße Haare und sah freundlich und begütert aus. Zum Kaffee erzählten wir ihm Geschichten aus unserem Leben, während er überwiegend schwieg. Danach beschwatzte er uns, mit ihm zum Tanzen zu gehen, was mich merkwürdig anmutete. Daß er Hera dabei total ignorierte, berührte mich ebenfalls unangenehm. Gleich zu Beginn unseres Gespräches hatte er mit Bestimmtheit zum Ausdruck gebracht, daß er nur an jungen Frauen interessiert war.

Am nächsten Tag fuhr Hera mit Zeus an unseren Geburtsort. Doch auch dieser Trip in die Vergangenheit blieb ohne Erfolg: Er konnte sich an nichts erinnern. Ebenfalls vergeblich berichtete sie von gemeinsamen Unternehmungen. Für ihn blieb sie ein weißer Fleck auf seiner Landkarte. Was ihn aber wenigstens nicht davon abhielt, ihre Worte allzu offensichtlich anzuzweifeln. Ich vermute, daß unsere Mutter nur eine seiner vielen Affären war. Die eine Nacht, die sie miteinander geschlafen hatten, hatte sich seinem Gedächtnis einfach nicht eingeprägt. Aber vielleicht spielte er das alles auch nur, um sich der Vaterschaft zu entziehen.

Auf Heras wiederholte Hinweise, daß unser dreiunddreißigster Geburtstag bevorstand, ließ Zeus sich dazu herab, jeder von uns ein Goldarmband mit einem kleinen Saphir zu schenken. Mutter bedachte er trotz seines großen Geschäfts – ein Vertrieb für amerikanische Luxuswagen – nicht mit der kleinsten Aufmerksamkeit.

Einen begüterten Vater zu haben – auch wenn er diesen Sachverhalt leugnete –, stärkte mein Selbstbewußtsein. Nach einem Jahr ließ ich mich deshalb von der Langeweile übermannen und kündigte wieder einmal – zur großen Überraschung meiner Kollegen. Es entsprach mir nicht, den ganzen Tag Papier von einer Seite des Schreibtisches auf die andere zu schieben, ohne zu wissen, was damit erreicht war.

Nicht länger wollte ich Angestellte sein. Ich beabsichtigte, Geschäftsfrau zu werden. Selbst den Ton anzugeben und etwas zu tun, was mir wirklich entsprach: so sah nun meine Vorstellung von Glück aus. Leider nur hatte ich immer noch keine Ahnung, wozu ich mich eignete und welche Arbeit von Geschäft ich eröffnen wollte.

Um zu lernen, wie eine Geschäftsfrau denkt und handelt, verzichtete ich auf Arbeitslosenunterstützung. Meine Familie fand diesen Plan gewagt, dachte aber, daß ich allein für mich verantwortlich war und deshalb tun und lassen konnte, was ich wollte.

Um meinen Traum vom eigenen Geschäft verwirklichen zu können, brauchte ich Kapital. Und mit Kapital verband ich ältere begüterte Männer, eine Gruppe Mann, die ich in meinem Privatleben noch nicht ausprobiert hatte. Deshalb annoncierte ich in einer Zeitung, daß sich »eine junge Frau von einem Geschäftsmann verwöhnen lassen« wollte.

Mein erster Schritt in die Prostitution. Aber das ahnte ich nicht. Aus zehn Zuschriften suchte ich mir den meistversprechenden Mann aus und traf mich mit ihm in einem Café. Er sah sehr elegant aus in seinem mitternachtsblauen Anzug und dem weißen Seidenhemd. Als er die magischen Worte sprach, daß er bei gegenseitigem Gefallen bereit sei, mir alles zu geben, wonach es meinem kleinen Herz verlangte, akzeptierte ich auch, daß er offenbar eine Prothese im Handschuh trug. Im Überschwang meiner Hoffnungen übersah ich, daß er auch ein Bein aus Holz hatte. Aber er hinkte nur ganz wenig.

Thanatos stellte sich als Rechtsanwalt vor, war aber in Wirklichkeit ein hoher Ministerialbeamter und Oberhaupt einer Erbengemeinschaft, was in puncto Vermögen einiges erklärte.

Seine außerehelichen Aktivitäten erklärte er damit, daß seine früher so gesunde und lebenslustige Frau Alkoholikerin geworden sei.

Seine Behinderungen gaben ihm einen starken Minderwertigkeitskomplex, den er damit kompensierte, daß er seine Umwelt mit Liebenswürdigkeit unterjochte und sich ihm zu willen machte. Wie sehr er es genoß, totale Kontrolle auszuüben, spürte ich, als er auch mich zu bevormunden begann. Aber am Anfang unserer Bekanntschaft war ich so sehr damit beschäftigt, ihm meine Leidensgeschichte zu erzählen, daß ich ununterbrochen redete und nicht einmal bemerkte, daß ich unsere Unterhaltungen allein bestritt. Von sich gab er absolut nichts preis. Als er im Restaurant für mich das Essen bestellen wollte, begann ich mich zu wehren. Er bestimmte bereits, wann und wo wir uns liebten, wieviel er für den sexuellen Austausch bezahlte und ob ich seine Freundin werden würde oder nicht. Wenn ich auch die Wochenenden mit ihm verbringen würde, würde er mir eventuell meine Wohnung mit Antiquitäten einrichten, wonach es mich nicht verlangte, oder mir einen schöneren Gebrauchtwagen kaufen, ohne den ich auch leben konnte, oder eine Eigentumswohnung anschaffen, wogegen ich keine Einwände gehabt hätte, obwohl auch sie in der Kombination mit ihm nicht voll meiner Vorstellung von Glück entsprach.

Es war mir peinlich, wenn Thanatos seine Prothesen ablegte. Und obwohl er eine gepflegte und angenehme Haut hatte, konnte ich seine Stümpen im Bett nicht vergessen. Daß er vor lauter Erregung starken Ausfluß hatte, machte die Begegnungen mit ihm auch nicht appetitlicher, zumal er auf oralem Sex bestand.

Zuerst war ich ihm dankbar, als er mich nach Paris und London einlud, aber lange konnte ich den Pferdefuß, den diese Reisen an sich hatten, nicht ignorieren: statt einmal die Woche Sex täglich.

Je länger ich ihn kannte, desto dümmer, langweiliger und abstoßender erschien er mir. Deshalb wollte ich auch nicht länger seine Versprechungen glauben und beschloß, mich nach drei Monaten wieder von ihm zu trennen. Vorher stellte ich aber seinen vielgerühmten Großmut auf die Probe. Bescheiden fragte ich, ob ich mir einen billigen Farbfernseher aus zweiter Hand bestellen durfte. Widerstrebend gab er meinem Wunsch nach, denn wer schenkt schon gern etwas auf Befehl, auch wenn er als Bitte daherkommt.

Danach verweigerte er mir das Geld für die sexuellen Dienste. Wovon ich nun leben sollte? Die Verdrehung unserer Rollen gefiel Thanatos gar nicht. Er finanzierte mich doch, damit seine Wünsche erfüllt wurden, und nicht umgekehrt.

Eines Tages hatte er Lust auf einen flotten Dreier, was ich ausgesprochen primitiv fand. Deshalb brachte ich meine Freundin Perse mit, die als Mutter von zwei Kindern das leichtere Leben, das ihr Thanatos ermöglichen konnte, genossen hätte. Aber sie gefiel ihm nicht, was ich mir schon gedacht hatte. Sie hatte die hungrigen Katzenaugen einer konsequenten, berechnenden Frau.

Nach einer überteuerten Flasche Sekt in einem leeren Lokal, wo sich die Stripperin nicht ins Zeug legte, bestellte er ein Taxi für meine Freundin. Ich begleitete Perse zum Wagen, er folgte uns.

Als Inga später eine Anstellung als Schreibkraft in seinem Ministerium bekam, wohnte sie der Feier seiner Pensionierung bei. Etliche Jahre später las ich seine Todesanzeige in der Zeitung und bedauerte seinen schnellen Abgang.

Sugardaddy Nummer zwei fand ich in der Anzeige eines »großzügigen Antiquitätenhändlers«. Das machte mich zum Jäger und ihn zum Gejagten.

Harmonial, so nannte ich meinen zweiten Ersatzvater, war der Prototyp des gutsituierten Geschäftsmannes. Sein aufgedunsener Körper verführte einen geradezu, mit einer Nadel hineinzustechen, um zu sehen, wieviel Luft herauskam. Er trug mein Liebeselixier, einen dreiteiligen graugestreiften Anzug, komplett mit Doppelkinn, weißem Hemd und der üblichen rot-blauen Krawatte, die in Deutschland zur Standarduniform mediokrer Männlichkeit gehört. Harmonial wollte mich dreimal monatlich für zirka zwei Stunden sehen und mir (wie Thanatos) dreihundert Mark pro Sitzung bezahlen. Seine einleitenden Worte waren, daß er ein glücklich verheirateter Mann sei, dessen Frau ihm bedauerlicherweise nicht erlaubte, an ihr herunterzugehen. Was er auf ihren katholischen Glauben schob. Seine mit Pimpeln übersäten Wangen waren stille Zeugen seiner Leidenschaft.

Weshalb seine bessere Hälfte sich weigerte, solcherart von ihm verwöhnt zu werden, stellte sich bald heraus. Es machte Harmonial ein sadistisches Vergnügen, mich in konstanter Erregung zu halten, während er seine Zunge flink wie eine Eidechse rein- und rausschnellen ließ, immer wieder den Rhythmus wechselte und meine Säfte mit lauten, schlürfenden Geräuschen einsog. Daß die Geräusche und nicht mein Genuß sein Vergnügen ausmachten, wurde mir klar, als ich ihm Tips gab, wie er mich befriedigen konnte, und er sie einfach ignorierte. Das hielt ihn aber nicht davon ab, mich in regelmäßigen Abständen zu fragen, wie sehr ich seine »Behandlung« genoß.

Einem Zitteraal nicht unähnlich, lag ich eine Stunde

auf der Couch, während elektrische Stromstöße meinen Körper durchjagten. Und er stöhnte, daß mehr Flüssigkeit seine Begeisterung noch mehr erhöhen würde. Doch zu diesem Zeitpunkt war ich noch nicht erfahren genug, um zu wissen, daß er damit urinieren meinte.

Auf die Frage, wie man eigentlich Antiquitätenhändler wird, schlug er mir vor, auf Auktionen zu gehen und an Privatleute weiterzuverkaufen. Wenn ich wollte, würde er mir auch helfen, einen Laden zu eröffnen. Dort könnte ich seine Waren in Kommission verkaufen. Ich nahm seinen Vorschlag begeistert auf und verkaufte mein gesamtes Mobiliar. Einmal, um meine letzten Erinnerungen an Ares loszuwerden, und zum anderen, um das Geld für Auktionen zu bekommen. Sogar auf mein Bett verzichtete ich, da es zu viele schlechte Erinnerungen barg. Dann tünchte ich alle Wände jungfräulich weiß. Klinisch sterile Farben sollten von nun an mein Denken bestimmen und verhindern, daß mein Herz zu Wort kam.

Als Harmonial feststellte, daß mein Interesse an seinem Geschäft größer war als an seinem Sex, verschwand er auf Nimmerwiedersehen. Ich vermißte unsere Champagnerfrühstücke mit frischem Lachs und französischem Brot, obwohl mir auch diese Routine schon langsam auf die Nerven gegangen war.

Somit hatten sich meine geschäftsorientierten Bekanntschaften als kurzfristig und unberechenbar erwiesen, da es mir langfristig nicht möglich war, meinen Partnern vorzumachen, daß ich sie mochte. Ich dachte deshalb, daß es leichter sein müßte, hauptberuflich Nutte zu werden, um nicht länger auf einen Mann angewiesen zu sein.

Als Nutte konnte die Behandlung, die man mir würde angedeihen lassen, jedenfalls kaum schlechter sein als während meiner Ehe. Und für den Fall, daß ich mich trotzdem noch einmal verlieben sollte, sagte ich mir, daß dafür ohnehin nur ein toleranter Mann in Frage kommen würde. Mein Zorn darüber, daß Männer herumhuren durften und dafür auch noch potent genannt wurden, während Prostitution die Frauen degradiert, versetzte mich in wohlige Rage. Der Grund für diese Unterscheidung mußte irgend etwas mit Geld zu tun haben, obwohl bisher alle meine Männer Schmarotzer gewesen waren. Ich hatte ihnen immer meine Wohnung zur Verfügung gestellt und unseren Lebensunterhalt bestritten, während sie so taten, als ob sie mich aushielten, nur weil sie mich gelegentlich ausführten. Im Geiz, einer gesellschaftlich akzeptierten Form der Aggressionsabfuhr, hatten sie das probate Mittel gefunden, mich übers Ohr zu hauen. Da andererseits ich meine Partner mehr brauchte als sie mich, hatte ich bisher diesen Preis immer gern bezahlt, denn geben ist auch eine Form von Macht, über die der Empfangende nicht verfügt.

Prostitution schien mir nun eine gute Gelegenheit zu sein, durch Machtverlust meine Finanzen wieder zu sanieren. Wenn ich den Unsummen glauben durfte, die in der Presse als Liebeslohn kursierten, konnte ich meinen Kredit schnell abbezahlen. Der Gedanke, mir mit diesem Geld ein Geschäft oder eine luxuriöse Wohnung einzurichten, war tröstlich, denn im Luxus müßten zukünftige Abschiede von Männern doch leichter zu ertragen sein. Wie ein Mann wollte ich künftig nach Beendigung einer Liebschaft zur Tagesordnung übergehen, als sei nichts geschehen. Ich hatte genug davon, zu Männern aufzublicken. Von einer Umkehrung der Rollen im Spiel versprach ich mir, in der Zukunft friedvoller mit ihnen zusammenleben zu können.

Was ich mir zunächst nicht bewußt machte, war, daß ich vor allem deswegen Nutte werden wollte, weil meine verratzten Freundschaften mit Männern dazu geführt hatten, daß ich an meinen weiblichen Qualitäten zweifelte. Konnte ich trotz meiner vierunddreißig Jahre die Männer noch antörnen, oder stimmte etwas mit meiner Feminität nicht? Diese Frage beschäftigte mich sehr. Daß Männer mich bloß zum Bumsen brauchten, konnte ich nicht länger ignorieren, ebensowenig, daß man sexy sein mußte, um überhaupt gewollt zu werden. Und recht viel sexier als eine Prostituierte kann man kaum sein, es sei denn, man wird Model oder Filmschauspielerin und spielt dann die Rolle einer Nutte. Liebe und Sex verwirrten mich, denn ganz konnte ich meine romantische Einstellung, daß ein Austausch zwischen den Geschlechtern ohne Profiteur möglich ist, immer noch nicht aufgeben. Ich hoffte deshalb, daß mehr Männer eine bessere Auswahl bedeuteten.

Da man zu dieser Zeit käuflichen Sex noch nicht in den Tageszeitungen anbieten durfte, wandte ich mich an ein Pornokino, das mir halbseiden genug erschien. Nachdem man mir die beiden jungen Nutten vorgestellt hatte, die schlank und sexy hinter der Bar saßen, war ich froh, daß sie mich in ihre Reihen aufnehmen wollten – allerdings nur unter der Voraussetzung, daß ich auch bereit sein mußte, als Stripperin zu arbeiten. Mein zukünftiger Boß, ein kleiner Mann mit riesigem Schnauzbart, glaubte mir nicht, als ich ihm sagte, daß ich zuletzt als Kreditsachbearbeiterin beschäftigt war.

★

Während meine Zwillingsschwester Aphro ihre Fruchtbarkeit durch die Geburt eines Sohnes unter Beweis gestellt hatte, begab ich mich direkt in den Fruchtbarkeitstempel. Im Bordell konnte ich meinen Schoß symbolisch trächtig halten und gleichzeitig in den Mutterleib zurückschlüpfen.

Nutten waren für mich Mutterfiguren, deren Erfahrung in bezug auf das Leben und die Männer mich vor weiterer Unbill mit dem anderen Geschlecht schützen sollten. Im Puff wußte ich, was ich von den Männern erwarten konnte, und durfte zumindest für die kurze Zeit, die wir beisammen waren, ihre Geschicke bestimmen. Der Schock, daß die Männer so ganz anders waren, als ich sie mir immer vorgestellt hatte, saß immer noch tief.

Bei meiner Ankunft am nächsten Tag war ich nervös und schämte mich, das Studio von der Straßenseite betreten zu müssen. Ich war sicher, daß mir jeder ansehen konnte, daß ich eine Hure war. Mich selbst als eine Nutte zu bezeichnen war eine Sache, mich von Fremden so nennen lassen zu müssen unerträglich.

Chronos, mein Boß, öffnete mir die Tür und führte mich in einen dunklen Raum, der mit einer Bar, einer Eckcouch und einem stinkenden Kohleofen ausgestattet war. Von diesem Raum aus konnte man den Kinoraum sehen, dessen Eingangstür entfernt worden war. Ich schätzte, daß zirka zwanzig Personen dort Platz finden konnten. Hinter der Bar führte eine Tür zu einem separaten Apartment mit drei Schlafzimmern, Toilette und Dusche. Chronos wies mir das mittlere Zimmer zu und sagte, ich solle mich dort umziehen. Danach verschwand er mit der Bemerkung, daß er die Jungs reinlassen müßte. Ich solle in die Bar zurückkommen, sowie ich fertig wäre.

Eine kleine Tischlampe auf einem Nachtkästchen beleuchtete ein schäbiges Bett. Die verwaschene, geschmacklose bunte Steppdecke entsprach ganz meiner Vorstellung von einem Puff. An der anderen Wand stand ein dunkler Schrank mit Spiegeltür, daneben ein Stuhl, darüber Garderobenhaken und Messingbügel.

Zumindest ist es warm hier, dachte ich. Dann schlüpfte ich in die hautenge, türkisfarbene Satinhose, die ich mir speziell für diesen Zweck gekauft hatte, mit einer gleichfarbenen langen, ärmellosen Bluse, die meine Hüften kaschieren sollten. In den High heels fühlte ich mich wie eine waschechte Hure und war fast ein bißchen stolz auf mich.

An der Bar begrüßte mich Chronos mit einem verschmitzten Lächeln, ohne den Verkauf der Eintrittskarten für je 25 Mark das Stück zu unterbrechen. Eine ganz schöne Stange Geld für einen miesen Pornofilm! »Und wo sind die anderen?« fragte ich. Acca sei im Urlaub, und Acco habe sich krank gemeldet, antwortete Chronos kurz angebunden. Ich solle mir aber keine Sorgen machen. Er sei ja da und könne mir sagen, was zu tun sei: Wenn immer fünf Gäste im Kino seien, solle ich strippen. Er bat einen großen, gutaussehenden jungen Mann, der gerade durch die Tür gekommen war, mir die Utensilien für den Auftritt zu bringen.

Phallus, sagte er, sei für meine Sicherheit zuständig. Mir lief die Gänsehaut über den Rücken, als er mich scheu anlächelte und meine Hand mit ganz sanftem Druck schüttelte. Nun würden in Zukunft die Männer also um mich kämpfen. Er brachte mir eine riesige schwarze Federboa, ein Strumpfband mit Strapsen, schwarze Nylonstrümpfe mit Naht, einen im Schritt offenen Slip und eine dazu passende Büstenhebe. »Da passe ich nie rein«, zierte ich mich. Aber Phallus beruhigte mich: »Nichts leichter als Strippen.« Dann zeigte er mir das Hinterzimmer, von dem aus ich auf die Bühne kommen sollte, die nichts als ein Podest war, mit Teppichboden belegt. »Na, wenigstens kann ich mir da keinen Splitter holen.« Die Frage, nach welcher Musik ich tanzen wollte, überraschte mich. Ich bat um Tina Turners *Father was a rolling stone*. Chronos forderte mich auf, die Bühne zu betreten, wenn die Musik begann, und dann ein Drittel im Stehen und den Rest am Boden zu tanzen. Ich fühlte mich nackt und fand vor lauter Hysterie plötzlich alles sehr lustig. Mit einem breiten Grinsen erschien ich auf der Bühne und war froh über das schnelle Tempo der Musik. So konnte ich mich wie in der Disco bewegen. Obwohl mich die Scheinwerfer blendeten und mir die Boa immer von der Schulter rutschte, fand ich allmählich Spaß an meinen eigenen lasziven Bewegungen. Als Chronos mir von hinten ein Zeichen gab, ich solle auf dem Boden weitermachen, setzte ich mich einfach hin und rollte mit Vehemenz auf dem Boden herum. Erst als mir die Ideen für meine gymnastischen Übungen ausgingen, erinnerte ich mich daran, daß ja eigentlich Ausziehen Sinn der Sache war. Da ich aber keine Übung darin hatte, den Büstenhalter von hinten zu öffnen, fand ich den Haken nicht. Was für ein akrobatischer Akt das war, konnte das Publikum sehen, denn ich kniete mit dem Rücken zu den Männern, um die

Spannung zu erhöhen. Danach kamen die Nylons dran. Bestrebt, die Tänzerinnen vom Moulin Rouge in den Schatten zu stellen, wollte ich die Strümpfe abrollen und streckte ein Bein in die Luft. Aber ich war nicht gelenkig genug, um die Ferse zu erreichen. Während ich überlegte, wie ich dieses Problems Herr werden konnte, erkannte ich plötzlich meine Ähnlichkeit mit einem zappelnden Käfer, der in den letzten Zügen lag. Diesen Gedanken fand ich so komisch, daß ich mich lachend aufrichtete und meine Strümpfe ganz normal herunterriß. Meine Überraschung war groß, als ich begeisterten Applaus erhielt. Mein erster Kunde war allerdings der Meinung, daß ich ihm das Entscheidende nicht gezeigt hätte, meine Möse, vorzugsweise feucht, denn immer wenn ich die Beine gespreizt hätte, sei das irritierende Disco-Flimmerlicht angegangen. Aber als ich ihn im Hellen sah, war ich auch enttäuscht. In meiner Nervosität hatte ich ihn im dunklen Kinosaal von hinten angesprochen und gefragt, ob ich ihn verwöhnen dürfe. Worauf er mir ohne Widerstand folgte. Deshalb wohl war mir entgangen, daß er bereits hoch in den Sechzigern war. Deshalb wohl fand er später auch kein Interesse an meiner Möse. Unter militärischen Befehlen wie »Abtreten, stillgestanden, Achtung! Jawoll, Herr Kommandant« wollte er vor dem Spiegel stehend von mir masturbiert werden. Nach dem Samenerguß versteckte er seinen Penis kokett zwischen den Beinen und machte mich darauf aufmerksam, daß er nun fast wie eine Frau aussah.

Wie macht es eine Nutte, fragte ich mich krampfhaft. Ich war überzeugt, daß sich professioneller Sex von gewöhnlichem Sex unterscheiden mußte, doch wie? Aber selbst wenn Acca und Acco anwesend gewesen wären, hätten sie mir diese Frage nicht beantwortet. Jede Neue wird verdächtigt, von der Sitte zu sein. Deshalb müssen Nutten ihre Authentizität immer erst unter Beweis stellen, indem sie Geschlechtsverkehr haben. Soweit würde eine Polizistin im Dienst der Sache nicht gehen. Daß es nicht legal war, als Nutte in unserem Pornokino zu arbeiten, sagte man mir vorsichtshalber nicht. Der Grund hierfür war, daß wir uns in der Nähe der Stadtmitte befanden und nicht außerhalb des Sperrbezirks. Dort hätten wir die Erlaubnis gehabt, unserem Gewerbe nachzugehen, aber nur in Clubs oder Bordellen mit Lizenz. Unser Boß ignorierte diese Auflage und tat so, als ob wir bloß zur Zierde halbnackt in einem kaum geheizten Raum zehn Stunden auf harten Barhockern säßen.

Als mein Kunde aus der Dusche kam, lag ich nackt und, wie ich hoffte, verführerisch in Bereitschaft. Trotz seiner runzligen Haut umarmte ich ihn zärtlich, um ihn vergessen zu lassen, daß er sich in den Armen einer Nutte befand. Wie ich später erfuhr, war genau dieses kalkulierende Verhalten das Markenzeichen guter Nutten. Mein Grund war ein anderer: Ich wollte mich vor mir selbst noch nicht als Professionelle identifizieren. Der Kunde war begeistert, daß er der erste Mann war, der mich in das Gewerbe einführte. Dabei war »einführen« wohl der falsche Ausdruck, denn dafür reichte seine Erektion nicht. Er versprach, mich in der nächsten Woche wieder zu besuchen. Darauf war ich gar nicht scharf, denn ich fand, er wäre in einem Altersheim besser aufgehoben.

In zehn Arbeitsstunden strippte ich dreimal und hatte dreizehn Kunden. Das war eine Initiation, die ich niemanden wünsche, obwohl ich später von Kolleginnen hörte, die täglich zwanzig bis dreißig Kunden abfertigten. Mein Durchschnitt blieb bei plus/minus fünf Männern am Tag. So ausgebrannt, fiebrig und erschöpft fühlte ich mich nach meinem ersten Tag, daß ich befürchtete, es nicht allzulange in dieser Szene auszuhalten, wenn das die Norm war. Auch die Hälfte meines Monatslohns als Angestellte, die ich an diesem Tag verdient hatte und noch hätte verdoppeln können, wenn ich meine Kunden ohne Kondom bedient hätte, wovor mich aber meine Angst vor sexuell übertragbaren Krankheiten abhielt, war nur ein kleines Trostpflaster. Daß ich diese billigere Variante vorzog, machte mich bei den Kunden beliebt, denn impotente Männer wußten sehr wohl, daß ich auf den Gummi sowieso verzichten mußte, wenn sie keine Erektion bekamen. Ihre Penisse sahen verpackt verloren aus, und wenn ich versuchte, sie durch Cunnilingus zu stimulieren, füllten sie lediglich meinen Mund mit Plastik. Die Auf-und-ab-Bewegung verursachte ein komisch schmatzendes Geräusch, und danach blieb mir gar nichts anderes übrig, als sie zuerst mit der Hand zu masturbieren. Dabei mußte ich auf das Kondom verzichten, obwohl mir auch der Samengeruch unangenehm war.

Am nächsten Tag kam Acca wieder, und ich konnte mich etwas erholen. Ich hielt mich von den morgendlichen Kunden zurück, um einem möglichen Ansturm am Nachmittag und Abend standhalten zu können. Es war nicht der Sex, der mich erschöpfte, denn kaum ein Mann hielt länger durch als drei Minuten, sondern der emotionale Streß, mich auf jeden Mann neu einstellen zu müssen.

Wie Sheherazade in 1001 Nacht erzählte ich jedem Mann eine kleine Geschichte aus meinem Leben, um zu verhindern, daß sie einen zweiten Orgasmus verlangten. Sie einmal zu stimulieren war nicht einfach, ihnen danach aber erneut zu einer Erektion zu verhelfen war harte Arbeit.

Acca, die mich mit ihrer Stupsnase und ihrem halblangen, rötlich-blonden Lockenkopf an die junge Shirley MacLaine erinnerte, fertigte ihre Kunden ganz nach Belieben ab. Sie kannte alle Tricks, um Männer von ihrem Körper fernzuhalten, und empfahl mir, sie zu massieren.

Viele Kunden gaben mir den Vorzug, weil ich neu war, wegen der Kondome billig und darüber hinaus noch einige Begeisterung an den Tag legte. Mein fortgeschrittenes Alter war auch nicht schlecht, denn die Kunden nahmen an, daß ich mehr Verständnis für ihre Schwächen aufbrächte.

Oft hatten diese Wichser ganz genaue Vorstellungen, wie man sie auf Vordermann bringen konnte. Schmutzig mit ihnen zu reden war eine Variante. Sexuelle Schimpfwörter, je deftiger, desto besser, fehlten aber in meinem Vokabular. Nach wie vor war ich davon überzeugt, daß guter Sex romantisch war und höchstens Kosewörter beinhalten sollte. Ich versuchte diesen Männern also den Spaß daran zu verderben, indem ich sie bat, mir genau zu sagen, was sie hören wollten, oder vorgab, zu scheu zu sein, um sie zu beschimpfen. Daß viele Männer ausgesprochene Voyeure waren und Sex mit den Augen und nicht durch die Berührung genossen, stellte ich auch bald fest. Während ich Massagen als stimulierend empfand und jede Gelegenheit wahrnahm, mich massieren zu lassen, fanden sie meine Unterhosen, Strapse, die schwarzen Strümpfe, den knallroten Lippenstift, hohe Hacken oder Stiefel viel interessanter. Sie sahen Berührungen als Zeitverschwendung und wollen nichts als mehrfache Orgasmen. Das degradierte mich zum Objekt, und obwohl ich wußte, daß ich nur Mittel zum Zweck war, ging mir das gegen den Strich, denn man hatte mir eingetrichtert, daß Qualität vor Quantität kam. Aber richtig abartig wurde das Ganze erst, als ein Kunde mich bat, das Kondom seines Vorgängers austrinken zu dürfen. Ich zeigte ihm den Abfallkorb und drehte mich um, denn schon der Gedanke daran verursachte mir Übelkeit. Daß ich für diesen Service den Preis hätte erhöhen können, sagten mir meine Kolleginnen erst danach.

Pervers fand ich es auch, wenn ich gebeten wurde, mich in Brustwarzen einzukrallen oder mit Gusto in einen Penis zu beißen. Erst Jahre später, als mein Haß auf Männer bereits so stark war, daß ich mir wünschte, sie zu kastrieren, gab ich diesem Bedürfnis nach. Dann war ich erstaunt, wie hoch die Schmerzschwelle bei vielen Männern war. Nie biß ich hart genug zu, um sie ein für allemal vom Sex zu erlösen.

Impotente Männer wollten durch das Abbinden des Penis mit Schnürsenkeln oder Plastikringen das Blut stauen, um dadurch ihre Erektion zu behalten. Es erstaunte mich, daß all das Sex sein sollte. Das sei aber noch gar nichts, vertraute mir Isis an, denn einer ihrer Kunden hatte sie gebeten, ihm einen Knopf an den Penis zu nähen. Sie hätte sich mit Haschisch betäuben müssen, um sich diese zweitausend Mark zu verdienen. Sein Penis sei bereits so verstümmelt gewesen, daß er noch nicht einmal geblutet habe.

Was mich aber an der Prostitution am meisten störte, waren Männer, die mich küssen wollten oder schmutzig waren und stanken. Daß ich Küssen intimer empfand als Bumsen, überraschte mich selber. Aber die Zunge mit ihren ausgeprägten Geschmacksnerven und die Nase, die alles registriert, sind empfindlicher als die Vagina.

An zwei Männer kann ich mich noch besonders erinnern. Einer war Fensterputzer, hatte ein Toupet und zwei Kinder, die eine Mutter brauchten. Der andere war ein junger Alkoholiker und Gelegenheitsarbeiter.

Oft schickte ich meine Kunden nochmals unter die Dusche, wenn sie vergessen hatten, sich unter der Vorhaut zu waschen oder Teile ihres Körpers, die sie nicht sehen konnten, immer noch schmutzig waren. Einmaliges Duschen reichte oftmals nicht aus, um den Gestank von ungelüfteten Körpern und Klamotten, Knoblauch- oder Zwiebelgeruch sowie den abgestandenen Geruch von Rauchern oder Trinkern zu tilgen. Wenn ich einen Stinker im Zimmer hatte, sprühte ich mit zugehaltener Nase über seinen Körper, die Kleider und den ganzen Raum. Ganz besonders Angstschweiß ist so penetrant, daß ich einen jungen Mann, der von mir defloriert werden wollte, niemals mehr vergaß. Plötzlich konnte ich kein Fleisch mehr essen und hatte Heißhunger auf Joghurt.

Des Nachts träumte ich von wild wuchernden Penissen, die wie Pilze durch die Wand sprossen. Auch schwarze Schlangen bedrohten mich im Traum.

Die Vorstellung, mein zukünftiges Haus auf Pimmeln aufzubauen, verursachte mir Übelkeit. Aber bald konnte ich wieder Fleisch essen, und auch meine Alpträume wurden weniger eindeutig. Ich träumte von endlosem Kaugummi, von Seilen, Lederriemen, sogar Stahlbürsten, die mir aus dem Mund kamen. Als ich von Schweinen zu träumen begann, las ich im Traumbuch, daß sie Geld bedeuteten.

★

Zehn Wochen waren vergangen, seit ich Nutte war, und ich hatte zehntausend Mark verdient. Ein Drittel war in den Taschen von Chronos gelandet, dessen Kino ohne unsere Anwesenheit kaum Zulauf gehabt hätte. Hatte man einen dieser Filme gesehen, kannte man sie alle, aber sie schufen eine Atmosphäre, die dem Sex förderlich war. Als Chronos beschloß, das Studio zu renovieren, und von uns erwartete, daß wir weiterhin zum Kreischen von Bohrern in ungeheizten Schlafzimmern heiße Liebe machten, hatte ich meine Belastungsgrenze erreicht. Als ich meine Bedenken äußerte, wurde mir gekündigt. Auch im neuen Kino sollte ich nur vertretungsweise arbeiten dürfen. Chronos verhandelte nie und reagierte auf Kritik immer mit Kurzschlußreaktionen.

Lächerlich – als Nutte gefeuert zu werden, nicht wahr? Ungerührt verließ ich diese Goldgrube. Meinen Kredit über sechstausend Mark hatte ich abbezahlt und noch etwas Geld übrig, um auf Auktionen zu gehen.

Was sind es eigentlich für Männer, die zu Huren gehen, wird man immer wieder gefragt. Darüber kann ich auch nur Vermutungen anstellen. Hübsche Jungen gaben vor, zu scheu zu sein, um Mädchen anzusprechen. Ich vermute, daß sie einfach nur von Frauen umworben werden wollen.

Andere gaben an, von ihren Freundinnen versetzt worden zu sein oder sich von ihren Frauen getrennt zu haben. Wenn ich wissen wollte, weshalb ihre Frauen sich hatten scheiden lassen, konnten sie mir selten eine Erklärung geben. Gewöhnlich sahen sie sich als großzügig, freundlich und fleißig an und beteuerten, daß ihre Ehe gut gewesen sei. Entweder hatten sie ihre Frauen als so selbstverständlich empfunden, daß sie sie ganz übersahen, oder sie hatten sie unterdrückt, denn nur wenn man auf der Seite des Verlierers ist, leidet man. Frauen, die in ihrer Abwesenheit die Koffer packten und ohne Vorwarnung das traute Heim verließen, signalisierten diesen Männern auch nie Angst vor einer Konfrontation. Sie versicherten mir, nicht aggressiv zu sein, gaben aber zu, daß sie eifersüchtig waren. Sobald sie herausfanden, daß ihre Frauen eine Affäre hatten, ließen sie sich scheiden. Andere beschwerten sich, zu Hause nicht genügend Sex zu bekommen, oder vermißten gewisse sexuelle Praktiken. Trotzdem konnte ich nie das Gefühl loswerden, daß all diese Gründe eher Ausflüchte waren. Es war so offensichtlich, wie sehr es unsere Kunden genossen, zwischen uns Frauen auszuwählen. Denn so junge, hübsche Mädchen wie in der Prostitution hätten sie in ihrem Privatleben nie bekommen. Sie schienen aber nicht nur von ihrer Jugend fasziniert zu sein, sondern auch von ihrer körperlichen Schwäche, aus der sie schlossen, daß diese Mädchen leicht zu manipulieren waren. Einige Männer gaben auch zu, von Huren fasziniert zu sein, weil Prostitution etwas Anrüchiges und Verbotenes ist, eine letzte Bastion für ein Abenteuer in einer überorganisierten Gesellschaft. Tatsache ist, daß hier die Männer Könige sind, wobei nicht sie für ihr Bedürfnis nach Entspannung und Vergnügen diskriminiert werden, sondern wir für unsere Dienstleistung. Durch unseren drittklassigen Status gaben wir sogar den schmutzigsten und ekelhaftesten Männern ein Gefühl der Macht über uns. Ein notwendiger Selbstbewußtseinsschub für die meisten Männer, die sich total von ihren Ehefrauen untergebuttert fühlten. Aber eine Scheidung war undenkbar, da die Gattinnen gewöhnlich das Leben der Männer sehr erleichterten, indem sie gute Hausfrauen oder Mütter waren, das Geld einteilen konnten oder sonstwie das Prestige oder den Intellekt ihrer Männer förderten.

Sie bevorzugten deshalb mich, erklärten sie, denn ich war ehrlicher und gab nicht vor, sie zu lieben, um etwas von ihnen zu bekommen. Sex im Austausch für Geld war eine klare Sache, die niemanden enttäuschte. Ich war außerdem billiger als eine Frau, die sie erst ausführen mußten (zudem war der Ausgang dieses Treffens dann immer noch zweifelhaft). Wenn wir Frauen für all diese Einladungen bezahlen müßten, wären wir vermutlich auch nicht so scharf darauf. Trotzdem fand ich es unmoralisch, daß die Männer so sachlich und, wie mir schien, gefühlskalt dachten, und plädierte für Romantik. Ich verstand zwar, daß Nebenfrauen auch keine Lösung waren, weil sie früher oder später immer versuchten, selbst Ehefrau zu werden, aber liegt das Vergnügen im Sex nicht gerade darin, daß man eine Person kennt und etwas mit ihr gemein hat? Sie verneinten das, denn für sie war das gleichbedeutend mit Langeweile, und die hätten sie bereits mit ihren Frauen.

Warum die Gesellschaft gegen Prostitution ist, wenn die Männer uns doch so offensichtlich mögen, wunderte mich. Konnte es sein, daß wir nicht von den Männern, sondern von eifersüchtigen Frauen diskreditiert werden? Oder wird jeder, der den körperlichen Bedürfnissen der Menschen dient, dafür bestraft? Das scheint der Fall bei Hausfrauen und Müttern zu sein, die noch nicht einmal für ihre Dienste bezahlt werden. Oder kann es sein, daß sich die Männer vor uns fürchten, weil sie in ihren schwachen Momenten zu uns kommen? Wir sind alle phantastische Lügnerinnen und versuchen zu übersehen, daß unsere Kunden gewöhnlich miserable Liebhaber sind, und loben sie für ihre kaum vorhandene Potenz. Wir geben ihnen Ratschläge, wenn sie sich ihren Frauen gegenüber falsch benehmen, und sagen ihnen, daß sie nicht allein sind mit ihren körperlichen oder emotionalen Problemen. Aber den wahren Grund, weshalb sie uns vergessen, sobald sie uns den Rücken zugewandt haben, akzeptierte ich erst viel später. Männer lieben die Abwechslung, haben einen Überschuß an Energien, der mit einem Mangel an Loyalität gegenüber ihren Freundinnen oder Ehefrauen einhergeht, und sehen Sex lediglich als Entspannung. Das erlaubt es ihnen, ohne die geringsten Gewissensbisse herumzuhuren. Ihre Frauen werden nie herausfinden, mit welchen leiblichen Genüssen sie ihre Mittagszeit verbringen.

Dieses Wissen hatte leider auch zur Folge, daß ich nach der Prostitution keinen Gefallen mehr an den Männern fand, denn sie bargen für mich kein Geheimnis mehr.

Was mir ebenfalls an der Prostitution stank, war die Arbeitsatmosphäre. Wir lagen ständig im Kampf um den nächsten Penis, denn Zeit ist ein wichtiger Faktor in der Branche. Spricht man einen Mann zu schnell an, ist er noch nicht geil genug, wartet man zu lange, hat ihn schon die andere geschnappt. Waren die Jungs heiß genug, konnte jede Frau Hand an sie legen. Um einen Mann überhaupt dazu zu bringen, mit uns aufs Zimmer zu gehen, mußten wir einladend lächeln. Eine Farce, die fortgesetzt werden mußte, bis sie eine Erektion bekamen, denn ansonsten dauerte es zu lange, einen Mann zu befriedigen. Je schneller ein Kunde ejakulierte, desto geringer war der körperliche Verschleiß. Da nur wenige Männer sexuell appetitlich genug waren, daß ich sie gerne noch einmal sah, mochte ich sie gewöhnlich nur für ihr Geld. Aber auch das konnte mich nicht immer für meine Abneigung entschädigen. Vor allem Kunden, die sich einbildeten, mir einen Gefallen getan zu haben, gingen mir gegen den Strich. Entweder wollten sie ihr Geld zurück, oder sie brachten zum Ausdruck, daß ich für sie bezahlen sollte. Ohne Geld hätte ich sie nie zu meinem Bettpartner gewählt. Aber so darf man nicht argumentieren, denn jede Form von Ablehnung kann zu Gewalttätigkeiten führen.

Männer trennten sich leichter von ihrem Geld, wenn sie sahen, daß mich der Sex mit ihnen abstieß und ich litt. Aber mir lag die Nummer der Irma La Douce nicht, die Leidensgeschichten erfand, um Mitleid zu erregen. Ganz im Gegenteil, ich versuchte das maximale Vergnügen in der Prostitution zu haben, und das erregte ihren Neid. Ich bekam, was sie wollten, und wurde auch noch dafür bezahlt. Deshalb empfahl ich ihnen, es als Gigolo zu versuchen. Dann würden sie schnell herausfinden, wie unbefriedigend Sex gewöhnlich ist. Worauf sie wissen wollten, ob ich eine Frau kennen würde, die willens wäre, für sie zu bezahlen. Aber in meiner Umgebung konnte sich niemand den Luxus Mann leisten.

Die erste Regel in der Prostitution lautet: immer zuerst das Geld verlangen. Ein Kunde, der nicht mit unserem Service zufrieden ist, auch wenn er seinerseits keine Leistung erbracht hat, tendiert dazu, die Zahlung zu verweigern.

Um das Vergnügen zu verdoppeln, teilten sich etliche Männer das Zimmer mit einem Freund. Das war zwar keine Orgie, bei der es jeder Mann mit jedem Mädchen treiben durfte, aber für jede extra bezahlen mußte, sondern jeder beschäftigte sich bloß mit seinem Mädchen. Während »mein« Mann im Bett angenehm war, hatte sein Freund Schwierigkeiten, eine Erektion zu bekommen. Nachdem er endlich soweit war, bearbeitete er meine Kollegin Isis wie ein Maschinengewehr. Mein Kunde konnte bei diesem Anblick nicht mehr aufhören zu lachen, und wir mußten das Licht ausschalten, um ihn zu beruhigen.

Inzwischen hatte ich mich schon daran gewöhnt, wie unmöglich sich manche Männer im Bett bewegten. Einige lagen schier wie Mühlsteine auf mir, ohne sich zu bewegen, oder sie schoben nur einmal minütlich an. Andere fielen von mir runter oder schlüpften aus mir raus. Ein Junge rieb sich sogar nur zwischen meinen Beinen, bis ihn zwanzig Minuten später seine Armstützen erschöpften. Danach bedankte er sich höflich bei mir und verließ den Raum. Ich wollte ihn nicht beschämen, aber auch eine zweite Runde verhindern und zerstörte deshalb seine Illusionen nicht.

Haben zwei Männer im selben Zimmer Sex, ist einer immer potenter als der andere, was für den Schwächeren die letzte Hoffnung auf guten Sex zerstört, da niemand diesem Vergleich standhält. Ich tröstete diese Männer gewöhnlich damit, daß sie der gefühlvollere Typ seien und eine intimere Atmosphäre brauchten. Jede Entschuldigung ist bekanntlich besser als keine.

Einmal gab auch ich nach einem besonders hektischen Tag zu, nicht mehr die Kraft zum Bumsen zu haben, und bat meinen Kunden, mich wieder aufzumöbeln. Für einen richtigen Man wäre das eine Herausforderung gewesen, aber diese Männer kamen nicht in unser Pornokino. Unfähig wie die meisten meiner Männer antwortete er statt dessen, daß er selber müde sei und lieber zurückkäme, wenn ich wieder frisch sei.

Einige Männer wußten nicht, daß sie sich auf sich selber konzentrieren müssen, um zum Orgasmus zu kommen. Sie dachten, daß es ausreiche, wenn sie mir zuschauten, wie ich mich vergnügte. Das kam häufig vor, weil ich Situationen oft damit beendete, daß ich mich selbst befriedigte. Ich sah nicht ein, weshalb ich den ganzen Tag frustriert herumlaufen sollte, nachdem ich konstant stimuliert worden war.

Sex ist vermutlich das egoistischste, was es gibt. Wir müssen uns voll auf das eigene Vergnügen konzentrieren, um zum Ziel zu kommen. Vielleicht ist das auch ein Grund dafür, daß ich durch vaginalen Sex keine Befriedigung finde. Ich hatte gewöhnlich Bedenken, ob mein Partner lange genug durchhalten konnte, und überlegte immer, ob meine Bewegungen auch sexy genug waren und ich die richtigen Geräusche machte.

Pornofilme, die auf den Wunschvorstellungen der Männer basieren, schaffen klare Vorstellungen, wie sich die Frau im Bett verhalten sollte. Ich bewegte mich deshalb, um nicht leblos zu erscheinen, obwohl ich dadurch nicht den steten Rhythmus bekam, den ich benötigte, um zum Orgasmus zu kommen.

Ich zog dumme Männer im Bett vor, weil sie gewöhnlich die Erektion länger halten konnten, denn der Körper scheint um so besser zu funktionieren, je weniger er vom Intellekt abgelenkt wird. Einem langsamen Denker, der körperlich gut gebaut war, konnte ich meinen eigenen Rhythmus aufdrängen und mit ihm tun und lassen, was ich wollte. Das war wahrscheinlich der wahre Grund meiner Vorliebe für diese Männer, denn sie schüchterten mich nicht ein.

Genau betrachtet ist Sex nichts anderes als gegenseitige Masturbation.

Daß die Größe und Beschaffenheit von Penissen sehr unterschiedlich ist, fiel mir besonders bei der Masturbation auf. Einige ähnelten Baumstämmen und waren dick an der Basis und schlanker zur Spitze zu, was es schwierig macht, sie in den Griff zu bekommen. Eine dicke, lederartige Vorhaut braucht besonders viel Reibung. Oft überlegte ich, ob ich mich an Gewichten üben sollte, um meine Armmuskeln hierfür zu stärken. Das Gegenteil war der Fall mit dünnen, kurzen oder langen Penissen, die man lediglich mit zwei Fingern bearbeiten konnte, speziell wenn sie nicht erigiert waren. Diese Kunden ermunterte ich öfter zur Selbstbefriedigung.

Einige Männer brauchten schnelle Bewegungen, andere wollten langsam masturbiert werden oder waren nur an der Spitze sensitiv. Sie bevorzugten eine kreisende Bewegung, oft in Kombination mit der Massage der Hoden.

Es war mein Anliegen, jeden Kunden so gut wie möglich zu bedienen, um Auseinandersetzungen zu vermeiden. In Büchern und Filmen wird meist unterstellt, daß sich Huren in einer kriminellen Umgebung bewegen oder kriminelle Elemente anziehen. Das stimmte wenigstens in meinem Fall nicht, denn die meisten meiner Kunden waren Mittelstandsbürger, gewöhnlich verheiratet. Deshalb konnte ich nie verstehen, warum sich die Bevölkerung so gegen die Neuerrichtung von Bordellen wehrt. Die meisten dieser Männer wurden von jemandem geliebt, was mich oft verwunderte, und unterschieden sich durch nichts von dir und mir.

Was mir gefiel, war die sexuell anregende Atmosphäre, wo man nie wußte, wie der nächste Mann im Bett sein würde. Ich genoß es auch, faul herumzuhokken und auf den nächsten Kunden zu warten. Nervös machten mich nur die jungen oder erfolgreich aussehenden Männer, für die ich mich nicht attraktiv genug fühlte.

Beruhigend war natürlich auch, daß sich meine finanzielle Situation von Tag zu Tag verbesserte. Eine schöne Abwechslung, nachdem ich bisher immer von der Hand in den Mund gelebt hatte. Auch genoß ich es, die intimsten Einzelheiten über den Sex und die Männer mit meinen Kolleginnen auszutauschen. Beinahe selbständig zu sein und meinen Job wechseln zu können, wann immer ich wollte, war ebenfalls sehr befreiend. Stolz war ich auch darauf, daß ich mir von der Gesellschaft nicht länger vorschreiben ließ, was ich mit meinem Körper zu tun und zu lassen hatte. Aber faul sein zu dürfen schien mir der größte Vorteil der Prostitution zu sein. Das einzige, was ich mir überlegen mußte, war, in welchen Klamotten und mit welcher Haarfarbe ich mich am besten verkaufte. Ausziehen und soviel Fleisch als möglich zu zeigen, löste die meisten Probleme, aber das ließ meine Figur nicht zu. Aber es war sowieso meine Fähigkeit zu flirten, die mir die meisten Kunden brachte.

Ein unerwartet erfreulicher Nebeneffekt der Prostitution bestand darin, daß mir die meisten Kunden das Gefühl gaben, etwas Besonderes zu sein. Sie dankten mir für die gute Zeit, die sie mit mir hatten, lobten Teile meines Körpers oder bewarben sich um meine Freundschaft. »Wenn wir uns bloß unter anderen Umständen kennengelernt hätten«, hörte ich oft. Das waren zwar kurzlebige Gefühle, aber das machte mir nichts aus. Einer versprach mir die leihweise Überlassung seines Ferienhauses, ein anderer einen Trip nach Griechenland oder Frankreich, aber die Motive waren immer zweifelhaft. Gewöhnlich fühlten sich die Männer nicht wohl in ihrer Haut, wenn sie sich eine Frau kauften, und versuchten das durch Freundschaft zu kompensieren. Ich lehnte immer ab, da ich diesen Kunden nicht traute und immer hoffte, mir selber bald diesen Luxus leisten zu können. Auch wollte ich in meinen Ferien nicht dieselbe Farce leben wie während der Arbeit.

★

Aufgeputscht durch die hektische Atmosphäre auf Auktionen, hatte ich mich oft zu Käufen hinreißen lassen, die ich schnell wieder bereute. Deshalb ging mir bald wieder das Geld aus. Widerwillig und beschämt bat ich Chronos, mir meinen Job zurückzugeben. Dagegen wehrten sich meine Kolleginnen. Weshalb er mir anbot, Geschäftsführerin in einem neueröffneten Club zu werden. Dort konnte ich beliebig lang bei jedem Kunden verweilen, da es sich inzwischen herumgesprochen hatte, daß ich mich ungern beeilte und leidenschaftlich gerne unterhielt. Ich hatte zwar nicht vor, in der Prostitution Karriere zu machen, und war auf diese zusätzliche Verantwortung nicht scharf, aber Chronos ließ mir keine andere Wahl.

Dieser Club lag in einer noch ärmeren Gegend, und unsere Kunden feilschten erbittert um die Preise. Da es mein Stolz nicht zuließ, mich billiger zu verkaufen, bekamen die beiden anderen Mädchen alle Kunden, obwohl eine penetrant nach Schweiß stank.

Vierzehn Tage später verließ ich die umgebaute Baracke wieder. Danach bot ich meine Dienste in einer stadtbekannten exklusiven Aufreißerbar an.

Dort mußte man so tun, als wäre man ein zahlender Gast, durfte aber nicht mit den Gästen flirten, damit der Besitzer seine Lizenz nicht verlor. Für jeden Kunden, den ich mit nach Hause nahm, mußte ich eine Flasche Champagner für zweihundert Mark kaufen oder meinen Kunden veranlassen, sie mir zu spendieren. Das ging zwei Tage lang gut, obwohl die anderen Mädchen weitaus attraktiver waren. Ich ignorierte die Regeln und flirtete mit den Männern, bis die Mädchen mir giftige Blicke zuschossen. Am dritten Tag lud mich ein blonder Hüne an seinen Tisch, den er mit zwei Freunden und einer Flasche Whisky für dreihundert Mark teilte. Deshalb sah ich keine Veranlassung, noch zusätzlich auf meiner teuren Flasche zu bestehen. Als wir die Bar zusammen verließen, wurde ich gebeten, nicht wiederzukommen.

Das betrübte mich weiter nicht, denn ich weigerte mich, meine Kunden mit nach Hause zu nehmen, und bestand darauf, daß sie mich in ihre Wohnung ließen oder ein Hotelzimmer buchten. Fremde Häuser machten mir aber Angst, und obwohl Hotels erster Klasse ein Vergnügen waren, verwehrte man mir den Eintritt in einem zweitklassigen Hotel. Ich vermutete, daß der Portier geschmiert werden wollte. Dieses Opfer war mir aber mein Kunde nicht wert, und ich verließ unverrichteter Dinge das ungastliche Haus.

Danach arbeitete ich einige Wochen für einen Callgirlring, der mich mit Hilfe meines Fotos vermittelte. Da ich in München keine Stundenhotels kannte, wurde mir ein Hotel empfohlen, das in derselben Straße lag, in der meine Mutter arbeitete. Wie ich zu meinem Entsetzen feststellte, befand es sich sogar im selben

Gebäude, und ich mußte denselben Aufzug benutzen, der mich gewöhnlich zu ihr brachte. Ich überlegte, wie ich ihr erklären könnte, warum ich tagsüber mit Make-up und in Abendkleidung herumlief, und noch dazu in der Gesellschaft eines häßlichen, einfachen Mannes. Sogar während des Geschlechtsverkehrs ging mir Hera nicht aus dem Sinn, und ich schwor mir, nie wieder dorthin zurückzugehen. Um sicherzustellen, daß ich meine Rechnungen immer bezahlen konnte, beschloß ich, mich halbtags als Schreibkraft zu verdingen.

Zwei Monate später kündigte mir der Architekt, für den ich tippte, denn ich schleppte eimerweise den Inhalt seiner Papierkörbe nach Hause. Er sollte nicht sehen, wieviel Papier ich verschwendete, da ich jeden Brief bis zu sechsmal verbessern mußte.

Mein Mißerfolg gab mir den nötigen Antrieb, mich als Unterhaltungsdame in einem Privathaus vorzustellen. Dort teilte ich das geheizte Wohnzimmer mit zwei anderen Nutten.

Diesmal bekam ich die wenigen Kunden, weil eine älter aussah und die andere abgewirtschafteter als ich. Während sie strickten, sah ich fern und war enttäuscht zu hören, daß sie nach vielen Jahren in der Prostitution immer noch keine Reichtümer angesammelt hatten. Wir verbrachten zwei harmonische Wochen mit idealen Arbeitszeiten von acht Uhr abends bis zwei Uhr morgens zusammen. Leider liefen auch hier die Geschäfte nicht gut, da im August die meisten Deutschen in Urlaub gehen. Da es sich für mich nicht rentierte, verließ ich auch dieses gemütliche Heim wieder.

Warum ich diesen Zeitpunkt wählte, um Hera mein kleines Geheimnis anzuvertrauen, ist mir heute nicht mehr klar. Damals erklärte ich es mir damit, daß ich das Gespräch mit ihr nicht ganz abbrechen wollte, denn unser Austausch war in den letzten Jahren sowieso schon sehr sporadisch gewesen. Nun gab es noch weniger zu erzählen, da sie nichts von meinem Leben erfahren durfte. Wie jede Prostituierte, die neu im Geschäft ist, litt auch ich unter der Paranoia, daß sie von dritter Seite Wind von meinen Aktivitäten bekam.

Daß Hera nicht so tolerant war, wie sie immer vorgab, stellte sie wieder einmal unter Beweis, als sie meine Mitteilung schlichtweg ignorierte. Nun bedauerte ich meine Offenheit, da ich nicht beabsichtigt hatte, ihr das Leben zu erschweren. Ganz im Gegenteil, ich wollte damit prahlen, mich moralisch freigekämpft zu haben, und damit, daß meine Finanzen wieder im reinen waren.

Als Acca mich unverhofft anrief und mir von einem neuen Club vorschwärmte, in dem sie viel Geld verdiente und dessen Besitzer sie kannte, machte mir die Reaktion meiner Mutter die Entscheidung schwer, aber nicht unmöglich, und ich versprach, sie dort zu besuchen.

Als ich die elegante Bar in einer umgebauten Garage und das Haus mit vier prachtvoll ausgestatteten

Schlafzimmern sah, war ich begeistert. Isis sah noch glamouröser aus als sonst, und auch die anderen Mädchen beeindruckten mich. Sie stellte mich Orpheus vor, und damit war ich engagiert.

Im *Fegefeuer* verdiente ich in vier Wochen genausoviel wie in zehn Wochen im Pornokino, denn Orpheus verlangte keinen Anteil an unserem Geschäft. Wir mußten für ihn bloß die Gäste zum Trinken animieren. Sechs Tage die Woche machte ich voller Begeisterung unsere Gäste humorvoll an, wodurch ich mich von den anderen unterschied, die nur routiniert auf sie zugingen. Bald erinnerten mich die Männer aber an sture Ochsen, die lieber am Trog soffen, und ich überlegte krampfhaft, wie ich sie zum Reden bringen konnte. Auf meine Frage, ob sie an einer Unterhaltung interessiert wären, antworteten sie immer mit der Gegenfrage, worüber ich denn sprechen wollte. Das erstickt jeden Austausch im Keim.

Die zarte, braunhaarige Tyche hatte es leichter als ich. Sie mußte lediglich ihr warmes, strahlendes Lächeln aufsetzen, um Gäste anzuziehen. Nemesis, eine Schwarzafrikanerin mit vollen runden Brüsten, langen Beinen und großen dunklen Augen, brauchte noch nicht einmal zu lächeln, damit die Männer hinter ihr herrannten.

Im *Fegefeuer* fühlte ich mich als Alternativprogramm, wie eine deutsche Hausfrau, da ich im Vergleich zu den anderen gut gefüttert und gesund aussah. Unsere Gäste mochten aber die durch Drogenmißbrauch ausgemergelten Körper der anderen Mädchen mehr, denn ihre kindhaften Formen ließen auf kleine Mösen schließen, die die nötige Reibung versprachen. Oft bekam aber auch ich Komplimente für meine enge Vagina. Die Männer mochten auch meine straffe Haut, die ihnen Sprungkraft und Widerstand signalisierte und damit vermutlich homosexuellen Wünschen entgegenkam. Seit den Zeiten von Henry VIII. hatte sich offensichtlich nichts geändert. Er hatte seine Impotenz auf die schlaffe Beschaffenheit der Haut seiner vierten Frau zurückgeführt und sich sofort wieder von ihr scheiden lassen.

Cerberus, einem Stammkunden, der mir zweimal die Woche seine Aufwartung machte, verdankte ich den größten Teil meines guten Verdienstes. Als Geschäftsmann hatte er sein Leben lang nur ans Geldverdienen gedacht und wurde jetzt das Gefühl nicht los, etwas versäumt zu haben. Mit Alkohol und käuflichen Frauen versuchte er die Balance wiederherzustellen. Was wiederum zur Folge hatte, daß man seine Ehefrau zu seinem gesetzlichen Vormund bestimmte. Das hinderte ihn aber nicht daran, mich nachts am heimischen Swimmingpool zu vernaschen, während seine Frau ein Stockwerk höher schlummerte, oder mich finanziell zu verwöhnen. Als er mir freistellte, mir seine Schecks nach Belieben auszustellen, hatte ich nicht den Mut, mich zum doppelten Preis zu verkaufen. Ich erhöhte das Honorar bloß um zwei Drittel, was ich natürlich später bereute. Aber als Cerberus eines Morgens noch betrunkener als sonst ankam, machte auch mich die Gelegenheit zum Dieb. Kaum hatte er sich auf dem Bett ausgestreckt, schlief er auch schon ein. Wie es sich für eine gute Nutte gehört, weckte ich ihn wieder auf, damit er zuerst seinen Scheck unterschrieb. Daß ein ungeschriebenes Gesetz verlangt, nie einem Kunden in die Jackentasche zu greifen, konnte ich nicht wissen, da mich Cerberus immer darum gebeten hatte. Danach hatte Morpheus ihn gleich wieder im Griff, und erleichtert ließ ich ihn schlummern, bis der Club um fünf Uhr in der Frühe schloß. Verschlafen bat er mich dann nochmals, ihm den Scheck zur Unterschrift vorzulegen, weil er den ersten vergessen hatte. Schnell kam ich seinem Wunsch nach, schämte mich aber ein bißchen, schon für die ersten fünfhundert Mark nichts geleistet zu haben.

Wie alle Verschwender plagten Cerberus im nüchternen Zustand auch oft Gewissensbisse, sein Geld zu verprassen. Hierfür machte er Orpheus verantwortlich, der ihn mit seinem Club in Versuchung geführt hatte.

Später verabschiedete sich Cerberus väterlich und winkte mir freundlich nach, als ich die Bar verließ, um sich noch einen letzten Drink zu genehmigen. Damit hatte ich eine weitere Regel ignoriert, die besagt, daß wir bis zum Ende bei unseren Kunden bleiben mußten, da die anderen Mädchen von ihm kein Geld mehr erwarten konnten. Zehn Minuten später erschien er wieder auf der Bildfläche und bat Orpheus, unser

Zimmer zu durchsuchen, da er einen goldenen Kugelschreiber, ein goldenes Halsband mit Kreuz und fünfhundert Mark vermißte. Orpheus tat ihm den Gefallen, und als sie nicht fündig wurden, drohte ihm Cerberus mit der Polizei, wenn er die gestohlenen Gegenstände nicht zurückbekäme. Daß es meine Pflicht war, darauf zu achten, mit welchen Schmuckstücken ein Kunde das Zimmer betrat, damit er hinterher nicht behaupten konnte, daß man ihn bestohlen hatte, sagte man mir auch erst am nächsten Tag.

Orpheus wußte, daß Cerberus bloß bluffte und ihm nichts anhaben konnte, aber ich nahm ihn ernst, da ich die Polizei nicht auf mich aufmerksam machen wollte. Ich bot ihm die verlorene Summe an, wenn er von einer Anzeige Abstand nahm.

Das Ganze hätte nichts mit mir zu tun. Ihm ginge es nicht ums Geld, sondern um den Erinnerungswert des Kreuzes, und er wollte Orpheus ans Zeug. Seinen Kugelschreiber hätte er in der Zwischenzeit wieder gefunden, versicherte mir Cerberus am Telefon. Das war das letzte, was ich von ihm hörte, da ich es für sicherer hielt, das *Fegefeuer* zu verlassen.

Nun wollte ich das Rad meiner Geschichte wieder zurückdrehen und dachte nostalgisch an die guten Zeiten, die ich mit Himero in Australien verbracht hatte. Grund genug, meinen unterbrochenen Kreis zu vollenden, indem ich beim australischen Konsulat um ein zweites Einreisevisum bat. Sechs Monate später wurde meinem Antrag stattgegeben, aber schon vorher kaufte ich mir einen eleganten Fuchspelzmantel und statt eines Paares Lederstiefel gleich zwei.

Weihnachten und zwei Monate Nichtstun genügten, um wieder bankrott zu sein, und um nicht noch einmal mit leeren Händen in Australien anzukommen, begann ich wieder in einem Bordell zu arbeiten. Um zumindest etwas Normalität in mein Leben zu bringen, arbeitete ich nun tagsüber, was die Atmosphäre dort nicht weniger gespenstisch machte. Wie auf einem Sklavenmarkt mußten wir uns schweigend im Eingang aufstellen, damit die Kunden uns mustern konnten. Nie zuvor war mir aufgefallen, wie einseitig die Männer in ihrer Wahl von Mädchen waren. Ein dünnes blondes Mädchen mit altmodischen Ringellocken und harten Gesichtszügen war immer zuerst weg, ihr folgte ein junger, rothaariger Schmollkopf mit großem Busen und entwickelten Hüften. Daß blonde und rote Haare optisch viel anziehender sind, fiel mir erst jetzt auf, und in der Zukunft rotierte ich von Rot zu röter und dann zu blonden Haaren.

Der vollbusige Schmollkopf ließ sich von den meisten Kunden eine Perlenkette verpassen. Das bedeutet, daß ihre Kunden zwischen ihre Brüste gehen durften, um sich darüber zu ergießen. Sie verglich sie mit Kindern, die gern herumschweinerten und immer auf den Mund zielten, was sie gegen einen Aufpreis gestattete.

Ich war's zufrieden, als mich Isis bat, mit ihr in

einen neuen Club von Orpheus zu kommen, in dem sie die Geschäftsführerin war.

Dieser Club war in einem alten Bauernhaus untergebracht, mit Stall, fünf Pferden und einem Geißbock. Für besondere Gäste boten wir Sex im Heu an. Ich verabscheute diese Exkursionen, da unsere Taschenlampen die Dunkelheit nicht durchdringen konnten und es dort dreckig und kalt war.

Wir taten alles, um unsere Kunden anzuheizen, und strippten wechselweise, doch nur Isis hatte den Mut, auf dem hohen Bartresen zu tanzen. Da ich ihre Freundin war, genoß ich ihren Schutz, und in einer ausgelassenen Atmosphäre verdienten wir unser Geld relativ easy.

Als ich einen Monat später mein Visum erhielt, verließ ich den Club, um ein neues Leben zu beginnen. Erleichtert wurde mir dieser Trip ins Ungewisse von einem begüterten Kunden, der in Australien investieren wollte. Er schlug vor, ich solle dort für ihn ein Haus mit Restaurant kaufen.

Den Gewinn wollten wir uns teilen.

★

Auf der Suche nach einem vertrauten Anknüpfungspunkt führten mich meine ersten Schritte in Sydney zum Kings Cross, wo ein altes englisches Ehepaar mir vor zehn Jahren ein Zimmer vermietet hatte. Die Zeit war aber auch hier nicht stehengeblieben, denn ein großes Schild pries nun »das größte Wasserbett der südlichen Hemisphäre« an. Wehmütig erinnerte ich mich an die romantischen Zeiten, die ich mit Himero hier verbracht hatte, und mußte über die Ironie des Schicksals lächeln, daß dieses Gebäude nun zu einem Bordell geworden war.

Auf dem Weg zu einem Café, Zeitung unterm Arm, um mir eine Unterkunft zu suchen, konnte ich sehen, daß sich ansonsten nicht allzuviel verändert hatte, lediglich ein Hochhaus war in die Höhe geschossen. Die strammbeinigen Trambahnschaffnerinnen trugen immer noch Miniröcke, obwohl Maxi in Mode war, und die restliche Bevölkerung lief immer noch in vergammelten T-Shirts mit Shorts oder Trainingshosen herum, wodurch ich in meinem warmen Fuchspelz modisch aus dem Rahmen fiel.

Ein Telefonanruf genügte, um in einer runtergewirtschafteten Villa in Double Bay ein möbliertes Zimmer mit Dusche zu finden. Es war zwar etwas düster und vollgestopft mit Möbeln, die mir nichts sagten, aber billig und nur drei Minuten vom Strand entfernt.

Wiederum stellte ich mich im besten Hotel am Platz als Bedienung vor, obwohl man mir dort vor zehn Jahren nach drei Stunden gekündigt hatte. Nun hatten sich aber meine Englischkenntnisse in der Zwischenzeit erheblich verbessert. Und ich hatte Glück: Der sechzigjährige glatzköpfige, dickbäuchige Besitzer machte mir gleich Avancen. Ein Traum, der aber ebenso schnell wieder ausgeträumt war. Denn im Bett erwies er sich als Niete, obwohl ich ihn die beiden Male, die wir es versuchten, pflichtschuldigst zum Höhepunkt brachte. Für meine Höflichkeit wurde ich mit einem Schnellimbiß in einem anderen Lokal belohnt. Unsere Balance von Geben und Nehmen geriet vollends ins Schwanken, als er mir in puncto Service die Hölle heiß machte, obwohl ich ihm meine unzureichenden Qualifikationen keineswegs vorenthalten hatte. Außerdem war es kein Vergnügen, acht Stunden am Tag auf den Füßen zu stehen, ohne sich anlehnen zu dürfen, und in der halbstündigen Mittagszeit mit den billigsten Gerichten des reichhaltigen Angebots abgespeist zu werden. Nach sechs Wochen wurde mir klar, daß unsere Beziehung zu nichts führen und der Hungerlohn, den er mir zahlte, mir nie erlauben würde, mich selbständig zu machen. Also verließ ich meinen ersten Arbeitsplatz in Australien gleich wieder und fragte meinen zukünftigen deutschen »Partner« in München, ob es nicht sinnvoller sei, statt eines Restaurants einen Sandwichschuppen zu eröffnen, obwohl mich auch ein Sandwichschuppen überforderte. Als mein Gönner antwortete, daß es seines Erachtens zu früh sei, irgendwelche Entscheidungen zu treffen, schrieb ich ihn als potentielle Einnahmequelle sofort wieder ab.

Die nächste Station: ein Massagesalon. Die Managerin des Parlours stellte sich als Medusa vor. Sie war korrekt und schätzte mich, weil sie an den Mythos von der guten deutschen Arbeitskraft glaubte. Leider entpuppte sich der äußerliche Komfort dieses Parlours, wie die Australier Bordelle so vornehm nennen, bald als trügerisch. Medusa erlaubte uns nicht, im bequemen Wohnzimmer zu sitzen, sondern schickte uns bei Wind und Wetter auf den Balkon. Von dort aus mußten wir wie Rapunzel winkend, pfeifend und kokettierend die Männer anmachen, damit sie zu uns heraufkamen. Sogar um vier Uhr morgens, als die Straßen bereits menschenleer waren, standen wir noch dort. Komplette Idiotie!

Ich empfand es als räuberisch, daß wir die Hälfte unserer Einnahmen, plus zehn Dollar pro Tag für Seife und Handtücher, an die beiden männlichen Partner abgeben mußten. Ich regte mich aber gleich wieder ab, als ich hörte, daß es sich dabei um Landessitte handelte. Mein durchschnittliches Einkommen betrug zweihundert Dollar die Nacht, kein leichtverdientes Geld, weil mir eine halbe Stunde bloß fünfundzwanzig Dollar einbrachte. Das war beinahe die Hälfte weniger als in Deutschland.

Ich war aber angenehm überrascht, als ich bemerkte, daß unsere Kunden im Schnitt jünger, potenter und muskulöser waren als die Deutschen. Die erschwinglichen Preise mochten etwas damit zu tun gehabt haben. Ganz besonders unkompliziert waren die Jungs vom Land, für die ein Bordellbesuch am Kings Cross Pflicht ist, damit sie zu Hause etwas zu erzählen haben. Einer Statistik war einmal zu entnehmen, daß die Prostituierten vom Cross die meiststrapazierten Nutten der Welt sind. Als dreitausend amerikanische Matrosen im Hafen anlegten, begann ich das zu glauben. Während sich meine Kolleginnen auf das zusätzliche Geschäft freuten, hatte ich nicht vor, irgendwelche persönlichen Rekorde zu brechen.

Diese Matrosen waren der undisziplinierteste Haufen Achtzehnjähriger, der mir jemals untergekommen war. Von der Straße aus streckten sie uns ihre kleinen weißen Ärsche entgegen und versprühten ihre jugendlichen Säfte großzügig über die geparkten Wagen, um uns zu beeindrucken. Ich muß wohl den kaputtesten Typen erwischt haben, einen gnomenhaften Jungen mit hungrigen Katzenaugen und dreckigen Fingernägeln, der sich wie die anderen sogleich darüber beschwerte, daß unsere Preise höher seien als in Amerika. Auf meine Anregung, dann doch mit dem Sex bis zu seiner Rückkehr zu warten, reagierte er allerdings nicht. Da die anderen Mädchen beschäftigt waren, mußte ich mich seiner annehmen. Medusa hatte mich bereits gewarnt, daß sie mir kündigen würde, wenn ich mich hochnäsig aufführte. Im Zimmer angekommen, bedauerte Gi-Joe, daß er nur auf Manöver war. Er ergötzte sich in blutrünstigen Schilderungen, was er mit seinen echten Feinden anstellen würde. Das förderte zwar meinen Ekel, half seiner Potenz aber auch nicht. Als ich mich auf ihn setzte, verschwand er in der Matratze. Um seiner überhaupt habhaft zu werden, mußte ich das Kreuz durchdrücken, bis ich Schmerzen bekam.

Am Anfang fand ich den Kontrast meines Nachtlebens zum Tag noch exotisch, denn während ich in den frühen Morgenstunden mit Bierleichen um ein Taxi kämpfte, vertrödelte ich meine Tage mit der Schickeria in Kaffeehäusern. Sie erinnerten mich daran, daß das Leben nur lebenswert ist, wenn man teure Kleider trägt, ein bis zwei Hunde ausführt, einen Luxuswagen fährt oder sonstwie die Aufmerksamkeit der Leute auf sich ziehen kann.

Sechs Wochen später ging mir aber der langsame Pulsschlag von Double Bay wieder auf die Nerven, und nun kamen mir die Leute eher tot als lebendig vor. Speziell die kleinen mausigen Ungarinnen mit ihren ockerfarbenen Haaren, die sich immer im Flüsterton unterhielten, obwohl sie mir nicht den Eindruck machten, als ob sie Geheimnisse hatten, widerten mich an. Ich wollte endlich wieder echtes Leben. Das hatte etwas mit gekochtem Essen, Grillpartys im Garten und höherer Lebenserwartung zu tun. Etliche Männer machten mir Avancen, vermutlich, weil sie die Lebensphilosophie meiner Mutter teilten, daß Kleider Leute machten. Aber während ich mir ein Zusammenleben mit diesen vielbeschäftigten Männern vorstellte, denen ich meine ganze Aufmerksamkeit schenken mußte, damit ich sie nicht an eine andere Frau verlor, verging mir die Lust aufs Heiraten wieder.

Als Medusa mich bat, mit ihr nach Canberra zu ziehen, wo sie ihren eigenen Parlour eröffnen wollte, und mir mehr Geld, kürzere Arbeitszeiten und echte Parlamentarier versprach, die ich dort treffen würde, folgte ich ihr leichten Herzens, da meine Konkurrenz mit jeder Woche stärker geworden war. Ich kaufte mir einen billigen Kombiwagen, weil mein Haushalt sich inzwischen um eine Tischlampe und ein Fünfzehn-Dollar-Gemälde, das ich Jahre später auf einer Auktion für 580 Dollar weiterverkaufte, sowie einen elektrischen Heizlüfter erweitert hatte. Sechs Monate später gab der Wagen seinen Dienst wieder auf. Ich tauschte ihn gegen einen goldenen Chrysler aus zweiter Hand ein.

In Canberra machte ich tatsächlich das versprochene Geld, denn zehn Männer die Nacht waren keine Seltenheit.

Als Medusa versuchte, meine neunstündige Schicht noch zu verlängern, entzog ich mich ihrem direkten Zugriff, indem ich aus ihrer dürftigen Unterkunft auszog.

Ich mietete mir ein modernes Townhaus mit zwei Schlafzimmern, da meine Freundin Ariadne ihren Besuch angekündigt hatte. Als der Makler wissen wollte, wo ich arbeitete, bestätigte Medusa, ich sei bei ihr Empfangsdame. Wie Empfangsdamen sahen wir auch aus, da Medusas Idee von Eleganz schwarze Cocktailkleider waren, in denen vorzugsweise mittelalterliche Frauen steckten. Junge Mädchen hielt sie für unzuverlässig und verachtete sowohl ihre Jugend als auch ihre Schönheit.

Nach einem Vierteljahr kündigte ich und verkroch mich den nächsten Monat in meinem wunderschönen Townhaus, um mich bis zur Ankunft meiner Freundin wieder etwas zu erholen. Erst als ich mich dabei ertappte, wie ich die Fliegen beobachtete, die mit den Köpfen gegen die Fensterscheiben knallten, wurde mir bewußt, wie dreckig es mir ging.

Ich beschloß mich im Gewerbe selbständig zu machen: mir selbst meine Gäste aussuchen, arbeiten, wann es mir paßte und wieder etwas Leben um mich zu haben. Jeden Tag frühstückte ich in einem exklusiven Hotel, und nie gelang es mir, mit jemandem ins Gespräch zu kommen. Weiter kein Wunder, denn Canberra ist keine sehr kommunikative Stadt. Die bevorstehende Ankunft meiner Freundin Ariadne bestärkte mich in meinem Entschluß, denn mit ihrer Hilfe hoffte ich mögliche Attacken abzuwehren. Daß die Autoritäten meine Autonomiebestrebungen nicht schätzen würden, weil ich mich ihrem organisierten Zugriff entzog, war mir klar. Da ich aber nicht vorhatte, lange in Canberra zu bleiben, weil ich mich umsehen wollte, bevor ich mich entschied, wo ich meinen festen Wohnsitz aufschlug, hielt ich das Risiko, entdeckt zu werden, für gering.

In einer Lokalzeitung gab ich eine verschlüsselte Anzeige auf, da es nicht erlaubt war, direkt zur Sache zu kommen. Auf meinen Sirenengesang antworteten innerhalb von sechs Wochen hundertfünfzig liebesbedürftige Männer, denen ich meine frisch gedruckte Visitenkarte mit Preisangabe schickte. Briefeschreibern, die mich an Straßenecken oder in Cafés treffen wollten beziehungsweise mehr oder weniger Analphabeten waren, verweigerte ich mich. Den Rest rief ich an. Es überraschte mich, wie oft das Telefon von Frauen mit schreienden Babys beantwortet wurde. Zehn Prozent dieser potentiellen »Ehemänner« kamen mich besuchen. Ein Versicherungsvertreter konnte gar nicht genug von mir kriegen, weil er sich ausbedungen hatte, mich zum halben Preis zu konsumieren.

Dummerweise annoncierte ich auch in einem Sexjournal, und nun hörte das Telefon gar nicht mehr auf zu läuten. Daß sie die Anrufe als Telefonsex betrachteten, wurde mir nicht gleich klar. Die Fragen, wie ich aussah, welche Büstenhaltergröße und welche Dessous ich trug, gaben mir keinen Hinweis. Aus allen Staaten Australiens, sogar von Neuseeland aus, riefen sie an und versprachen ihren Besuch. Sie kamen aber nie.

Etliche stellten sich mit der Hand am Geschlechtsteil, ohne einen Ton zu sagen, vor meine Tür und wunderten sich, wenn ich sie nicht hineinließ.

In den folgenden zwei Monaten hatte ich genügend Kunden, um mein tägliches Leben zu finanzieren, denn der Kauf eines weiteren Gebrauchtwagens und etliche Monate ohne Arbeit hatten an meinen Ersparnissen gezehrt. Mein friedliches Leben fand ein abruptes Ende, als der Buchhalter meines Häusermaklers mir die Aufwartung machte und mein kleines Geheimnis verriet. Innerhalb von fünf Tagen wurde ich gebeten, das Haus zu verlassen, da ich die Nachbarschaft mit meinem Lärm belästigte. Nachdem ich aber nur sehr wenige und wohlerzogene Kunden hatte und Donna Summers »Love to Love you Baby« nur als Hintergrundmusik im Schlafzimmer spielte, hielt ich diese Beschuldigung für einen Vorwand.

Trotzdem packte ich meine Siebensachen, und Ariadne und ich zogen nach Melbourne weiter. Wir mieteten uns in einem Motel in St. Kilda ein, dem Nuttendistrikt. Der Friede hielt nicht lange, und ich mietete ein möbliertes Einzimmerapartment im elften Stock eines Hochhauses mit atemberaubendem Ausblick auf Port Phillip Bay. Meine Wohnung ähnelte einer Bar, weil der Besitzer ein Liebesnest daraus machen wollte und dann bankrott gegangen war.

Das nächste Opfer meiner Sympathie wurde Janus. Ich ließ ihn aber erst in mein Leben, als ich sicher sein konnte, daß er kein weiterer Wolf im Schafspelz war.

Fünf Jahre hatte ich alleine und in Frieden gelebt und wollte eine Wiederholung meiner vorhergehenden Fiasken unter allen Umständen vermeiden.

Die teure Wohnung war Grund genug, mich wieder richtig ins Geschäft zu werfen. Um mir den Einstand zu erleichtern, wurde ich Hosteß in einem Männerclub, den das Magazin Playboy als den Rolls Royce unter den Massage Parlours bezeichnete. Ich amtierte nun in neun braunen Räumen auf hohen, unbequemen Massagetischen und in Zimmern, die teilweise mit einem Pool oder einem Spa ausgestattet waren. Wie eine Wasserratte verbrachte ich die meiste Zeit in den lauwarmen oder heißen Fluten, die meine Haut auslaugten.

Der wählerische Gentleman bezahlte an der Rezeption für eine Massage mit einem nackten Mädchen, und unsere Aufgabe war es, im Zimmer die festgesetzten Preise für den Sex zu verlangen. Damit entzog sich das Management geschickt dem Gesetz und brachte uns damit in Konflikt. Gab ein Polizist vor, ein Kunde zu sein, und man bot ihm Sex an, wurden wir mit Strafen belegt. Um das zu verhindern, riet man uns, zu warten, bis ein Kunde um Sex bat. Ein blauäugiger Vorschlag, weil die Männer die Initiative natürlich von uns erwarteten. Außerdem riet man uns, die Jungs vor dem Austausch von Geld in die Dusche zu schikken, denn Polizisten durften sich im Dienst nicht entkleiden. Taten sie's dennoch, wurde uns geraten, fluchtartig mit ihren Klamotten den Raum zu verlassen, denn nackt stand Aussage gegen Aussage. Zu meiner großen Erleichterung durfte ich in diesem Etablissement meine Arbeitstage selbst bestimmen, und dreimal die Woche reichte mir vollauf. Der einzige Makel im Paradies war ein Mädchen, das sich ständig über meinen deutschen Akzent mokierte. Als das Management auf unsere konstanten Streitereien aufmerksam wurde, warfen sie nach und nach alle Oldies raus. Mein Friede wurde danach nur ab und zu von einer Kollegin unterbrochen, die noch zum alten Stamm gehörte. Sie war es auch, durch die ich meinen Arbeitsplatz ein Jahr später wieder verlor. Nicht ganz zu Unrecht warf man mir vor, daß ich unsere Kunden zu ordinär ansprach, obwohl es die Boys begeisterte und meiner Vorstellung von Frivolität entsprach. Fälschlich beschuldigte man mich, in der Öffentlichkeit unseres Wartezimmers die Preise zu diskutieren.

Auf der schwarzen Liste war ich vermutlich auch deshalb gelandet, weil ich »keine gute Nutte« war, denn die waren geldgierig und taten alles fürs Geld. Nach wie vor lehnte ich aber alle unerfreulichen oder stressigen Jobs ab, denn ich wollte den Sex genießen. Kunden, die es nach Bondage und Disziplin verlangte, verweigerte ich mich, weil es mehr Energien kostet, zu befehlen, als Befehlsempfänger zu sein. Außerdem fehlte es mir an Phantasie, um mir Anordnungen auszudenken. Auch hatte ich Angst, daß mein Untertan den Spieß umdrehen könnte. Grenzen setzte mir aber auch meine eigene Leidensfähigkeit, wie ich feststellte, als mich ein Kirchenoberer mit einem Lineal vertrimmte, an dem ein langer Schnürsenkel befestigt war. Bereitwillig hatte ich ihm mein Hinterteil hingestreckt, da sein Folterinstrument so unschuldig aussah. Doch der erste Schlag ging zwischen die Beine, und das tat höllisch weh. Daraufhin drehte ich den Spieß um, wogegen er nichts einzuwenden hatte, weil sein Arbeitgeber außerehelichen Sex verbot und er sich für den sexuellen Genuß bestrafen wollte. Da die großen Spiegel in unserem Orgienraum meine Cellulitis groß herausstellten, mochte ich auch Gruppensex nicht.

Hochnäsig verschwand ich für längere Zeit in der Toilette, wenn mich ein Kunde wählte, der mir nicht entsprach. Gelegentlich zahlten mir das die Männer heim, indem sie ein anderes Mädchen zum Sex wählten, nachdem sie sich stundenlang mit mir unterhalten hatten. Daß mich unsere Kunden inzwischen bereits langweilten, hatte auch etwas damit zu tun, daß ich unser Luxusbordell nach einem Jahr gern wieder verließ.

Es waren gewöhnlich Geschäftsleute mit einem ausgesprochenen Herdentrieb. Der Anführer überredete oft den Rest dazu mitzukommen. Dankbar ließen sie sich an die Leine nehmen, denn allein hätten sie sich nie in ein Bordell getraut. Die höchste Steigerung von Spaß und Vergnügen bedeutete es für diese gutriechenden Männer, gemeinsam in den Pool zu springen und ihre männlichen Attribute zu vergleichen. Das war überhaupt das Größte für sie: Pimmelchen vergleichen. Zu diesem Zweck kopulierten sie auch gern im selben Raum. Um etwas Verruchtheit in diese eher prosaischen Zusammenkünfte zu bringen, taten wir so, als wären wir Lesben. Sobald wir dann aber wirklich unseren Spaß hatten, drängten sich die Kerls dazwischen und machten alles kaputt.

Von Zeit zu Zeit war es tatsächlich sehr wohltuend, die sanfte Haut einer Frau zu spüren und zur Abwechslung einmal nicht die Ellbogen oder Knie unbeholfener Männer in die Rippen gerammt zu bekommen. Überhaupt hielten wir Frauen, zumindest oberflächlich betrachtet, zusammen, machten uns hinter ihrem Rücken über die Freier lustig und zogen über sie her.

Viele unserer Kunden waren Asiaten, die sich gleichfalls nur in größeren Zahlen sicher fühlten und noch stärker als die Weißen auf junge, blonde Mädchen fixiert waren. Um das Kollektivvergnügen zu verlängern, wollten sie alle vom selben Mädchen bedient werden, während sich der Rest der Mannschaft in verbalen Orgien erging, von denen wir kein Wort verstanden. Übrigens wurden sie von den meisten meiner Kolleginnen geringschätzig behandelt. Rassismus tritt eben in allen möglichen Konstellationen auf. Diese Freier beschnüffelten uns im Bett wie junge Hunde und machten sich gern über meinen dicken Po lustig. Chinesen waren zumeist ausgesprochen zuvorkommend, und manch einer bot mir sogar medizinische Massage an, die nach einer Nacht mit einschlägigen gymnastischen Übungen ein Hochgenuß war. Ich mochte auch ihre glatte, völlig unbehaarte Haut, die blauschwarzen Haare und diese Augen, von denen ich nie wußte, was sie ausdrückten.

Mitgefühl empfand ich gegenüber den Kambodschanern, deren kindhafte Körper die Spuren vergangener Folter trugen.

An ihrer »Bucks-night-out« kamen in großen Scharen auch junge Burschen, um den Abschied »vom Junggesellenleben« zu feiern. Es war nicht immer einfach, das Geld für den zukünftigen Ehemann, der von einer professionellen Liebesdienerin verwöhnt werden sollte, von seinen betrunkenen Freunden zu bekommen.

Diese Burschen waren meistens noch viel zu unreif für die Ehe, und speziell einer blieb mir in Erinnerung, der nur einen Wunsch hatte: so schnell wie möglich allen Freundinnen seiner Kumpane an die Unterhosen zu gehen. Lediglich diejenigen, die zuviel getrunken hatten und keinen Ständer mehr bekamen, fanden es unfair der Braut gegenüber, sich eine Nacht vor der Eheschließung mit anderen Frauen zu amüsieren. Mir taten ihre Frauen leid, die es ein Leben mit ihnen aushalten mußten, wo mir schon eine halbe Stunde mit ihnen auf die Nerven ging.

Allnächtlich zehn Stunden auf Kunden zu warten, die oft erst nach Mitternacht antanzten, brachte mich auf die Knie. Gelegentlich bat ich händeringend, mich vorzeitig nach Hause gehen zu lassen, speziell nachdem Janus mein Boyfriend geworden war.

Er hatte mein Herz mit seinem natürlichen Sex im Sturm genommen, der mich an meine schwarzen Liebhaber erinnerte. Erst später verstand ich, warum er sich so fischartig an mir rieb, denn als Teenager konnte er sich nur durch Anschmiegen an seine Freundinnen erleichtern, weil man ihm mit Kastration drohte, falls er sich an ihnen vergriff. Seine Angst mußte seinen Erregungszustand noch mehr erhöht haben, und er behielt diese Gewohnheit zeit seines Lebens bei.

Auch Janus trug einen Anzug, als er mich besuchen kam. Er ging großzügig mit seinem Geld um, und seine Andeutungen, er sei eine wichtige Persönlichkeit, verführten mich zu der gewagten Vermutung, er sei ein arabischer Scheich, der sich als Student verkleidete. Eine Illusion, die ich vermutlich benötigte, um den riskanten Schritt zu wagen, mich noch einmal zu verlieben. Wie sich später herausstellte, war er ein libanesischer Taxifahrer, der von der Arbeitslosenunterstützung lebte, und führendes Mitglied der kommunistischen Partei.

Mir gefielen sein dunkler Lockenkopf und seine Nase, die ausgeprägter war als meine. Außerdem dachte ich, daß er intelligenter sein müßte als ich, weil er eine dunkle Hornbrille trug. Um Janus in das Allerheiligste meiner Wohnung zu lassen, mußte ich ihn zuerst zum Boyfriend befördern, denn der Gedanke, mein Bett mit einem Kunden zu teilen, war mir unerträglich.

Niemand war mehr überrascht als ich, daß mir jetzt alle romantischen Flausen von Ehe und Kinderkriegen wieder in den Kopf kamen. Ich fand es nicht unbequem, in seinen Armen einzuschlafen, und schmiegte mich auf der Straße wie ein verschüchtertes Kleintier an ihn. Auch machte es mir nichts aus, wenn er mir einen väterlichen Klaps auf den Hintern verpaßte, eine Geste, die ich bei anderen Liebespaaren immer zutiefst verabscheut hatte. Seine Berührung war wie Elektrizität, und wenn mein Bauch weh tat, fühlten sich seine Hände geradezu heilend an. Für ihn wollte ich wieder zur Jungfrau werden. Sexuell überforderte ich ihn bald.

Durch Janus entwickelte ich mich wieder zur Superhausfrau und kaufte wie besessen Küchenutensilien ein, Besteck und Geschirr, schleppte tütenweise Essen heran und ärgerte mich über Männer im Supermarkt, die lediglich Milch und Zigaretten nach Hause trugen. Ich bestand auf einem herzhaften Frühstück, obwohl Janus bisher nie gefrühstückt hatte und wenig aß. Innerhalb der nächsten fünf Jahre, die wir unregelmäßig miteinander lebten, brachte er es zu Doppelkinn und Bauch. Das machte ihn nicht attraktiver, obwohl ich zu Beginn froh war, daß er mir immer ähnlicher wurde.

Durch diesen übersteigerten Einsatz geriet meine gutorganisierte Romanze, die mit Essenseinladungen und Partys gespickt war, schnell wieder aus dem Gleichgewicht, und ich bat ihn, auch einmal Hand anzulegen. Nun hallten unsere Wände wider von seinen konstanten Fragen. Wie man die Waschmaschine, den Staubsauger oder Ofen bediente, die Lebensmittel putzte, schnitt oder kochte und wo er die Kochutensilien finden konnte. Mit Humor versuchte ich ihm über seine Unbeholfenheit hinwegzuhelfen, bis mich seine Wiederholungen an seinem Verstand zweifeln ließen. Ungeduldig begann ich zu nörgeln, obwohl ich wußte, daß ich mich bei einer Autoreparatur kaum gescheiter angestellt hätte. Wir stritten uns nie, weil er mir nie widersprach, und deshalb glaubte ich, daß uns wahre Liebe verband.

Vor dem Schlafengehen wusch ich mich nun besonders sorgfältig, um ja keine Gerüche von anderen Männern an mir zu haben, und freute mich, daß er nichts gegen meinen Beruf einzuwenden hatte.

Bedenken kamen mir erst, als mich Janus einem Freund als seine Englischlehrerin vorstellte. Es war wie eine kalte Dusche, denn wie mein Exehemann war auch er acht Jahre jünger als ich. Aber nie zuvor hatte mich ein Mann in die Mutterrolle gedrängt. Ich genoß es, das Kommando zu haben, alle Rechte und Pflichten, bis ich endlich zur Kenntnis nahm, daß er keine gemeinsame Zukunft für uns sah. Nicht mit mir teilte er Träume von Eigenheim, Ehe und Kindern, sondern mit einer Libanesin.

Verunsichert und desillusioniert, warf ich den Parasiten raus, als ich meinen Arbeitsplatz verlor. Um nicht rückfällig zu werden, mietete ich mir ein winziges Apartment und stellte mich bei einer Hosteßagentur vor, um auch beruflich meine Freiheit wieder zurückzugewinnen.

Der Gedanke, mich gutsituierten Geschäftsleuten in schicken Restaurants nach Gutdünken als Dessert zu servieren, konnte mir gefallen. Einem Mann, dem es nach Sex zumute ist, verlangt es aber gewöhnlich nicht nach Essen, genausowenig wie es Männern in Spielcasinos nach Sex verlangt. Das war eine Feststellung, die ich ein Jahr später machen mußte, als ich mein Geld im Casino verspielte.

Olus war mein neuer Boß. Er machte seinem Namen alle Ehre, weil er zum Zerstörer meines Schlafes wurde. Er stattete mich mit einem Beeper aus, mit dem ich totale Bewegungsfreiheit hatte, weil er mich damit von überall abrufen konnte. Soviel zum Thema Freiheit.

Olus war mir gegenüber skeptisch, da ich meine Erfahrungen vorwiegend in Bordellen gesammelt hatte, denn dort wurden Kunden lediglich abgefertigt, was die Mädchen seiner Meinung nach gefühlskalt mache. Woraufhin ich ihn beruhigte, daß ich eine Nutte mit Herz war, denn früher oder später müssen wir immer genau das machen, was wir vorher strikt abgelehnt haben und wofür wir uns am wenigsten eignen. Warum sollen wir auch Dinge machen, die wir bereits können, wenn das Leben ohne Herausforderung reizlos ist? Ich hielt mich jedenfalls für die Liebenswürdigkeit in Person, obwohl sich bald herausstellte, daß meine Kolleginnen weitaus intimer mit unseren Kunden umgingen. Sie verbrachten ganze Nächte ohne Bezahlung mit ihnen, küßten sie leidenschaftlich, gaben ihnen voll oral und muckten nie auf, ganz egal, wohin man sie schickte und wie dreckig und betrunken ein Mann war.

Als Olus wissen wollte, ob ich irgendwelche Spezialitäten hatte, gab ich stolz zu, für diese Szene relativ normal zu sein, worauf er wissen wollte, ob ich wenigstens bisexuell sei. Immerhin gelang es mir, ihn zu überzeugen, daß ich in den Endzwanzigern war und nicht schon auf die vierzig zuging.

Meine Frage, ob es gefährlich sei, als Hosteß zu arbeiten, beantwortete er mit einer Statistik, die besagt, daß Männer im eigenen Heim weniger zu Gewalttätigkeiten neigen als in einem öffentlichen Bordell. Ich glaubte ihm das, obwohl ich anderes in der Zeitung gelesen hatte. Murrend akzeptierte ich fünf Nacht- und zwei Tagschichten. Nach zwei Jahren sei ich zwar ausgebrannt, gab Olus zu, aber das mache nichts, weil ich bis dahin genügend Geld gespart hätte, um die Prostitution für immer aufzugeben. Das war reine Theorie, denn keines seiner Mädchen hatte dieses Ziel bisher erreicht.

Die verbleibenden Energien nutzte ich, um wie aufgezogen zum Einkaufen zu rennen, oft mit Hunderten von Dollar in der Tasche, um in den teuersten Boutiquen nichts zu finden, was mir gut genug erschien. Einkaufen und mein neugefundener Freundeskreis, bestehend aus der kurvenreichen Phyllis und ihrer winzigen Freundin Carya, die mich mit ihren homosexuellen Freunden bekannt machten, lasteten mich voll aus.

In schicken Kneipen und Restaurants oder auf meinen Partys floß der Sekt nun in Strömen, worauf unser dreiblättriges Kleeblatt sehr unterschiedlich reagierte. Phyllis benötigte Beruhigungstabletten, um schlafen zu können, und putschte sich mit anderen Medikamenten wieder auf, Carya hörte nicht mehr auf zu feiern und brachte jedem Kunden eine Flasche Sekt mit. Ich löschte mein Denken aus, indem ich hauptberuflich verliebt war, was zuerst enorme Energien freilegte, mich aber bald darauf unfähig machte, zwischen Liebe und käuflichem Sex zu unterscheiden.

Ich war froh, als sich Janus kurz nach seinem Rausschmiß wieder bei mir einmietete und auch diesmal nur seine Zahnbürste mitbrachte. Ich meinte mir den Luxus Mann wieder leisten zu können, weil sich meine wirtschaftliche Lage stabilisiert hatte.

Janus wurde zu der Nabelschnur, mit der ich mich verbunden fühlte, wenn ich die kalten, schmutzigen Häuser mit abgestandener Luft und geschmackloser Einrichtung meiner Kunden besuchte. Dann erst die Betten: eiskalt und klamm! Ich überredete sie, es auf dem Teppich oder den Steinfliesen vor dem Kamin zu treiben, auch wenn es unbequem war.

In den nächsten acht Monaten fraß ich Tausende von Kilometern, denn Melbourne ist die zweitgrößte Stadt Australiens und hat mit ihren drei Millionen

Einwohnern dieselbe Ausdehnung wie London mit acht.

Janus machte es nichts aus, um fünf Uhr in der Frühe von mir geweckt zu werden, und es tat gut, meine Frustration mit ihm zu besprechen oder ihm ab und zu von einem Kunden vorzuschwärmen, um ihn eifersüchtig zu machen.

Ich träumte noch immer von dem Prinz auf einem weißen Roß, der mich von meinem Straßenleben erlösen würde. Aber einigermaßen vergebens.

Ein Kunde hatte einmal die Stirn, um fünf Uhr morgens vier Mädchen von verschiedenen Agenturen zu bestellen, um sich diejenige auszusuchen, die ihm am meisten gefiel. Diese Anmaßung machte mich so wütend, daß ich auf dem Absatz umkehrte und ihm die Autoreifen durchstechen wollte. Leider kam ich mit meiner kleinen Nagelschere nicht weit.

In meinem Fuchspelzmantel, den ich später in einer besonders kalten Nacht einem Kunden zum halben Preis verkaufte, hielt ich mich noch immer für die Krone der Schöpfung, und deshalb konnte ich es schwer verknusen, daß die jungen Mädchen die Buchungen in teuren Hotels bekamen, meistens jedenfalls. Obwohl: Auch ich bin ab und zu mit gutem Essen, Sekt oder wenigstens einem Snack verwöhnt worden. Doch egal wie reich die Männer waren – einer zeigte mir sogar sein Sparbuch mit fünfhunderttausend Dollar –, gaben sie äußerst selten Trinkgeld.

Eher schon verlängerten sie ihre Zeit, worauf ich überhaupt nicht scharf war. Buchungen in First-class-Hotels hatten häufig den Nachteil, daß diese Kunden so übersättigt waren, daß man sie nur noch in Randbereichen der Sexualität zufriedenstellen konnte.

Diesem Job kehrte ich den Rücken, weil ich inzwischen genügend Geld gespart hatte. Aus der Rückkehr in ein normales Leben wurde aber nichts, und nach einigen Monaten fing ich wieder an mit meinen »Hausbesuchen«.

Manche Männer verlangten schon im Garten, daß ich mir die Schuhe auszog. Sie flüsterten, weil ihre Frauen ein Stockwerk höher schliefen. Einmal wurde ich von einer ganzen Familie umzingelt, wo die Tochter wissen wollte, was ich halbnackt auf dem Wohnzimmerteppich mit ihrem zwanzigjährigen Bruder trieb. Ich reichte das Wort an ihn weiter und verließ, Tangaslip in der Hand, schnellstens die Wohnung. Es ist kein Vergnügen, wie ein Tier im Zoo angestarrt zu werden.

★

Am neununddreißigsten Geburtstag stimmte ich meinen Schwanengesang an. Noch einmal lud ich sieben Freunde in ein schickes Restaurant ein und veranstaltete danach eine Grillparty am Swimmingpool. Meine sechsunddreißig Nachbarn waren mit von der Partie, damit sie sich nicht über den Lärm beschweren konnten. Sechzig mir zumeist unbekannte Leute und zwei Polizisten versammelten sich um den Pool. Es gab deutsche Würstchen, Kartoffelsalat und Kuchen sowie einen potenten Ananaspunsch aus Brandy und Sekt, den ich in einem riesigen Plastikeimer servierte. Es war schön, zur Abwechslung selbst die Puppen tanzen zu lassen: Ich hatte einen weiblichen und einen männlichen Stripper engagiert. Während der junge Mann voller Energie war, benötigte das dünne, kleine Mädchen Haschisch, um in Stimmung zu kommen, und war dann so entspannt, daß sie über ihrem Strip beinahe einschlief.

Ich beschloß dann, mich für eine Weile nach Canberra abzusetzen, um Janus durch Distanz aus meinem System zu bekommen. Eine Bekannte besaß dort ein Bordell. Ich unterhielt mich gut mit den Mädchen und brachte allabendlich Wein mit, froh, von Kunden nur selten gestört zu werden. Lediglich ein Grieche, der mit jedem Orgasmus das ganze Haus zusammenschrie, blieb mir in Erinnerung, weil er mich damit zu Tode erschreckte.

Drei Monate später brachten mich Sehnsucht und Neugierde nach Melbourne zurück. Das Verhängnis war nur, daß mein Desinteresse an der Prostitution nun schon so groß war, daß man mich in kurzen Abständen aus zwei Bordellen warf und ich mich in einem verkommenen Parlour wiederfand, dessen drei Betten mit dreckigen Leintüchern überzogen waren. Mäuse liefen munter durch die Küche, und ein junger Schäferhund lag todtraurig hinter dem Haus. Unsere Kunden waren hier noch abartiger als sonst und litten unter allen möglichen Unterdrückungs- und Dominierungsphantasien. Doch ich spielte nur das »französische Zimmermädchen« mit, obwohl es unbequem war, eine halbe Stunde auf dem Stuhl stehend, nicht vorhandene Bücherregale abzustauben, während ein Kerl meine Unterhosen inspizierte und mir zwischen den Beinen herumfummelte, um es sich dann selbst zu besorgen. Einen Mechaniker mit ölverschmierten Armen schickte ich wieder nach Hause und war nun schon dankbar für übergewichtige und verschwitzte Lastwagenfahrer, die ich bisher immer verabscheut hatte.

Hier arbeitete ich mit einem Mann zusammen, der sein Geschlecht mit Hilfe von Hormonen und chirurgischen Eingriffen gewechselt hatte, sowie mit zwei Frauen, die um die Männer kämpften, als ginge es um die Goldmedaille.

Androphonos war im Besitz tennisballgroßer Brüste und einer funktionsfähigen Vagina, die er mir stolz zeigte und die ihm im Gegensatz zu meiner pro Mann einen »echten« Orgasmus verschaffte. Androphonos liebte chirurgische Eingriffe jeder Art, hatte sich bereits die Nase kürzen lassen, dem Kinn eine neue Form gegeben und wünschte sich nun nichts mehr, als sich den Adamsapfel entfernen zu lassen, obwohl er kaum sichtbar war. Da all diese Operationen sehr teuer waren, erschien es ihr nur natürlich, als Hooker diese Kosten wieder einzutreiben, denn letztendlich hatte er sein Geschlecht doch vor allem gewechselt, um seine Erfolgsquote bei Männern zu erhöhen. Trotzdem bekam er nur ein Drittel unserer Kunden, denn weder seine langen Haare noch sein übertriebenes Make-up konnten seine breiten Schultern, seine Übergröße und die tiefe Stimme verbergen. Ganz im Gegenteil zu einem anderen Parlour, in dem es einem Mann sechs Wochen lang gelungen war, unentdeckt zu bleiben. Er versteckte seinen Penis mit Klebeband zwischen den Beinen und bediente alle Kunden mit dem Mund.

Irgendwann fand ich einen sauberen Club, dessen Besitzer auch einen Bakterienfimmel hatte, so typisch für diese Industrie, in der das Management Sex gewöhnlich als schmutzig empfand und wir Nutten oft ausgesprochene Moralisten waren. Weil er uns zu Discountpreisen anbot, wurde mein Typ mehr denn je verlangt, was mich angenehm überraschte.

In diesem Club war ich umgeben von Junkies, denn die Kunden fanden kaputte Typen gewöhnlich interessanter als gepflegte Mädchen, die ihre sechs Sinne beisammen haben. Hier war die bevorzugte Phantasie verschüchtertes Schulmädchen in Uniform.

Im Vergleich zu den Junkies waren meine Probleme gering, zumal meine Zehn-Stunden-Schichten mich so erschöpften, daß mir die Abwesenheit von Janus nur bedingt auf die Nerven ging. Eine effiziente Empfangsdame erlaubte uns keine Erholungspausen zwischen dem Sex. Das machte uns so nervös, daß wir uns gegenseitig beschuldigten, nicht schnell genug zu arbeiten. Sechs Monate später wechselte ich in die Tagschicht, weil sie weniger frequentiert war. Ich war angenehm überrascht, daß ich dem Tageslicht standhalten konnte, für das ich mich kaum attraktiv genug gefunden hatte. Erfreulicherweise hängt der Erfolg in der Prostitution aber nicht nur von gutem Aussehen ab, sondern hat auch etwas mit der inneren Bereitschaft zu tun.

Daß die Tagschicht mein erster Schritt aus der Prostitution sein würde, wußte ich damals allerdings nicht. Ich ärgerte mich nur, mir all die Jahre die Nächte um die Ohren geschlagen und mir damit auch die Tage ruiniert zu haben. Mein Biorhythmus war so gestört, daß ich chronisch müde war.

Ein Jahr später gab mir der Neid der Ehefrau unseres Clubbesitzers den Gnadenstoß, als ich stolz vorgab, kaum noch etwas für unsere Kunden zu tun und sie dennoch mit einem Lächeln auf den Lippen nach Hause zu schicken.

Da ich nicht die Energien hatte, in ein anderes Bordell zu gehen, sie glichen einander wie ein Ei dem anderen, und ich wußte, daß mit meiner Arbeitsunlust keine Verbesserung mehr möglich war, beschloß ich kategorisch, daß dieser Rauswurf mein letzter war und ich nie mehr zur Prostitution zurückkehren würde.

Erleichtert, daß niemand mich mehr anfassen konnte, schloß ich mich in meine Wohnung ein und genoß ein Jahr lang mein Eremitenleben. Ich schrieb mich auf einem College ein.

★

Und dann las ich eine Annonce in der Zeitung: »Frauen mit Humor für Phantasie-Telefon-Service gesucht!« Erfahrungen zum Thema Sex hatte ich, anfassen lassen mußte ich mich nicht, und selbständig konnte ich mich sicher mit solch einer Agentur auch schnell machen. Um zu erfahren, wie man diese Anrufe tätigt, arbeitete ich drei Wochenenden dort und fühlte mich nach meinem ersten Anruf noch idiotischer als sonst. Ich konnte es nicht fassen, daß Männer schon der Gedanke an Sex erregte, aber als ich mich nach meinem ersten Arbeitstag selber masturbierte, war ich zumindest halbwegs überzeugt, doch einen nützlichen Dienst anzubieten. Auf meine erste eigene Anzeige überschwemmte man mich mit Anfragen.

»Wieviel kostet es?« wollten meine Anrufer wissen, obwohl ich den Preis in der Annonce angegeben hatte. »Wie lange dauert so ein Anruf? Über was redest du?« Obwohl ich meine Anzeige mit »Keine Tabus« überschrieben hatte. »Sprichst du auch über Vergewaltigung und Sex mit Kindern und Tieren?« »Kann ich dich besuchen kommen?«

Meine erste Buchung kam, der Stimme nach zu urteilen, von einem älteren Mann. Er wünschte sich, einer Frau die Brustwarzen abzuschneiden, ihre Vagina mit einer brennenden Zigarette zu traktieren und sie dann zu strangulieren. Meine Aufgabe sei es, als Sandwich zwischen ihm und der Leiche zu fungieren. Soviel Sadismus verschlug mir die Sprache, und ich konnte bei seinen graphischen Beschreibungen nur erschrockene Aaaah's und Ooooh's rausbringen. In meinen wildesten Träumen hatte ich mir nicht vorstellen können, wieviel Frauenhaß es tatsächlich gibt. Nach diesem Gespräch war mir übel, und ich hätte das Geschäft am liebsten gleich wieder aufgegeben, doch fällige Ratenzahlungen zwangen mich weiterzumachen. Immerhin war im Vergleich zu diesem Wichser alles andere relativ harmlos.

Die Phantasien der Männer sind objektbezogen, verkorkst und immer vorhersehbar. Oft wurde verlangt, daß ich meine Defloration beschrieb. Schüler- und Lehrerspiele mit Züchtigung sowie alle möglichen Formen von Kindesmißhandlungen waren ebenfalls sehr beliebt. Und ich sollte das Kind spielen. So tun, als würde mir alles, was sie an Scheußlichkeiten beschrieben, Spaß machen. Da verweigerte ich mich.

Vergewaltigungsszenarien waren auch sehr gefragt, in denen gewöhnlich Tanten, Schwiegermütter, das Mädchen von nebenan und die eigene Ehefrau prominente Rollen spielten. Andere wollten als Strafe für ihre Vergehen in Frauenkleider gesteckt und dann von einem gutgebauten Mann bedient werden.

Nach zwei Monaten widerten mich alle diese Träume so an, daß ich Mädchen einstellte, die die Anrufe für mich erledigten. Nun mußte ich mir fünfzehn Stunden am Tag die stereotypen Fragen der Kunden und die ebenso stereotypen Antworten der Mädchen anhören, denn wir operierten mit zwei Telefonen. Ich war keine angenehme Chefin und kritisierte die Girls, um die Kundschaft bei Laune zu halten.

Ich entwickelte, wie viele in der Branche, einen Sauberkeitsfimmel und war nur noch am Geld interessiert. Ständig ermahnte ich die Mädchen, ihre Zigarettenasche nicht überall herumzustreuen und keine Erdnußbutter auf die Couch zu schmieren, auf der ich schlafen mußte.

Ein halbes Jahr später haßte ich die Männer genauso wie mein erster Anrufer die Frauen. Nicht nur, daß sie mir die letzten Illusionen in puncto Liebe nahmen. Einige terrorisierten mich auch, blockierten unsere Leitungen und drohten mit Vergewaltigung und Mord. Diese Drohungen nahm ich ernst. Nach einem halben Jahr war ich schier krank vor lauter Wut auf meine perversen und stupiden Kunden und beschloß, meinen Service wieder aufzugeben.

Ein Jahr später war ich gezwungen, Arbeitslosenunterstützung zu beantragen, um nicht am Hungertuch zu nagen.

Nun hatte ich die totale Freiheit, nach der es mich

zeit meines Lebens immer verlangt hatte. Ich arbeitete nur noch für mich, war nicht länger gezwungen, dem schnöden Mammon nachzulaufen, hatte keinerlei familiäre oder finanzielle Verpflichtungen und wurde mangels Geld auch nicht länger durch Einkaufengehen von meinem Manuskript abgelenkt. Mir fehlte das Interesse an Sex, und nur gelegentlich machte ich es mir selbst. Ich genoß es, keine Liebhaber zu haben, die bloß Aufruhr in mein Leben brachten. Der Bequemlichkeit halber trug ich nur noch wollene Trainingshosen. Mit zehn Kilo Übergewicht schuf ich eine weitere Pufferzone zwischen mir und dem Rest der Menschheit. Als Herdentier aber litt ich gleichzeitig unter der Einsamkeit.

Ich wollte wissen, warum alle meine Anstrengungen zu nichts geführt hatten. Warum war ich unfähig, materielle Besitztümer zu bewahren? Warum lebte ich nun unter der Armutsgrenze und empfand das als beschämender als das Leben einer Nutte mit Geld? Die Ungewißheit, wie meine Zukunft aussehen würde, gab mir das Gefühl, total die Kontrolle verloren zu haben. Nie zuvor war mir aufgefallen, wie sehr mein Leben dem Zufall unterworfen war.

Mein Leben war zum Stillstand gekommen.

Und damit sind wir wieder am Anfang: Was ist mit dem kleinen, starken Mädchen passiert, das sich plötzlich als Nutte am anderen Ende der Welt wiederfand…